国家文化产业资金支持媒体
融合重大项目

高等职业教育金融类专业富媒体智能型教材

证券投资实务

Zhengquan Touzi Shiwu

李照临 主　编
周春英 副主编

东北财经大学出版社
Dongbei University of Finance & Economics Press
大连

图书在版编目（CIP）数据

证券投资实务 / 李照临主编. —大连：东北财经大学出版社，2023.3
（高等职业教育金融类专业富媒体智能型教材）
ISBN 978-7-5654-4781-5

Ⅰ.证… Ⅱ.李… Ⅲ.证券投资-高等职业教育-教材 Ⅳ.F830.91

中国国家版本馆CIP数据核字（2023）第020690号

东北财经大学出版社出版
（大连市黑石礁尖山街217号 邮政编码 116025）
网 址：http：//www.dufep.cn
读者信箱：dufep@dufe.edu.cn
大连图腾彩色印刷有限公司印刷 东北财经大学出版社发行

幅面尺寸：185mm×260mm 字数：233千字 印张：11
2023年3月第1版 2023年3月第1次印刷

责任编辑：李丽娟 徐 群 责任校对：王 娟 石建华 周 慧
封面设计：冀贵收 版式设计：原 皓

定价：32.00元

教学支持 售后服务 联系电话：（0411）84710309

如有印装质量问题，请联系营销部：（0411）84710711

富媒体智能型教材出版说明

“财经高等职业教育富媒体智能型教材开发系统工程”入选国家新闻出版广电总局新闻出版改革发展项目库，并获得文化产业专项资金支持，是“国家文化产业资金支持媒体融合重大项目”。项目以“融通”“融合”“共建”“共享”为特色，是东北财经大学出版社积极落实国家推动传统媒体与新媒体融合发展的重要举措之一。

“财济书院”智能教学互动平台是该工程项目建设成果之一。该平台通过系统、合理的架构设计，将教学资源与教学应用集成于一体，具有教学内容多元呈现、课堂教学实时交互、测试考评个性设置、用户学情高效分析等核心功能，是高校开展信息化教学的有力支撑和应用保障。

富媒体智能型教材是该工程项目建设成果之二。该类教材是我社供给侧结构性改革探索性策划的创新型产品，是一种新形态立体化教材。富媒体智能型教材秉持严谨的教学设计思想和先进的教材设计理念，为财经职业教育教与学、课程与教材的融通奠定了基础，较好地避免了传统教学模式和单一纸质教材容易出现的“两张皮”现象，有助于教学质量的提高和教学效果的提升。

从教材资源的呈现形式来说，富媒体智能型教材实现了传统纸质教材与数字技术的融合，通过二维码建立链接，将VR、微课、视频、动画、音频、图文和试题库等富媒体资源丰富多彩地呈现给用户；从教材内容的选取整合来说，其实现了职业教育与产业发展的融合，不仅注重专业教学内容与职业能力培养的有效对接，而且很好地解决了部分专业课程学与训、训与评的难题；从教材的教学使用过程来说，其实现了线下自主与线上互动的融合，学生可以在有网络支持的任何地方自主完成预习、巩固、复习等，教师可以在教学中灵活使用随堂点名、作业布置及批改、自测及组卷考试、成绩统计分析等平台辅助教学工具。

富媒体智能型教材设计新颖，一书一码，使用便捷。使用富媒体智能型教材的师生首先下载“财济书院”App或者进入“财济书院”（www.idufep.com）平台完成注册，然后登录“财济书院”输入教材封四学习卡中的激活码建立或找到班级和课程对应教材，就可以开启个性化教与学之旅。

“重塑教学空间，回归教学本源！”“财济书院”平台不仅仅是出版社提供教学资源和服务的平台，更是出版社为作者和广大院校创设的一个自主选择和自主探究的教与学的空间，作者和广大院校师生既是这个空间的使用者和消费者，也是这个空间的创造者和建设者，在这里，出版社、作者、院校共建资源，共享回报，共创未来。

最后，感谢各位作者为支持项目建设所付出的辛劳和智慧，也欢迎广大院校在教学中积极使用富媒体智能型教材和“财济书院”平台，东北财经大学出版社愿意也必将陪伴广大职业教育工作者走向更加光明而美好的职教发展新阶段。

东北财经大学出版社

前言

我国证券市场从无到有，历经30多年的发展取得了举世瞩目的成就，法律法规体系日趋健全，市场监管体系逐步完善，上市公司质量稳步提高，投资者队伍日益壮大，资本市场的各项功能得到有效发挥，在国民经济中的地位日益突出，成为社会主义市场经济体系的重要组成部分。

党的二十大报告指出："教育是国之大计、党之大计。培养什么人、怎样培养人、为谁培养人是教育的根本问题。育人的根本在于立德。全面贯彻党的教育方针，落实立德树人根本任务，培养德智体美劳全面发展的社会主义建设者和接班人。"以党的二十大报告精神为指导，为了落实立德树人根本任务，满足金融行业高素质应用型技能人才的培养需求，编者在总结、借鉴现有教学成果和国内外相关文献的基础上，编写了《证券投资实务》教材。各位参编者长期从事证券投资课程的实践教学工作，具有丰富的证券投资实践经验，教材中的内容既有总结归纳的投资原理和分析方法，也有在实践中提炼的技术图表和最新案例。本教材主要特色体现为：

1.融入党的二十大精神和课程思政元素。在本教材前言中融入党的二十大报告精神，明确教育立德树人的根本任务。每个项目均设置了思政目标，以及与之呼应的思政案例，引导学生树立正确的价值观，以及"合规、诚信、专业、稳健"的证券行业文化理念。

2.结构合理，实践突出。本教材采用项目-任务式的结构体例，与实际工作对接，每个任务包括"知识准备"和"实践训练"两部分内容，每个项目还设置了综合实训，在掌握专业知识后进行实践操作训练，突出对学生实践能力的培养；每个项目都设置了案例分析、教学互动、课堂训练等栏目，对知识点进行补充和延伸，增强教材的互动性，拓展学生的思维。

3.课证融通。本教材内容与证券从业资格证书有效衔接，学生在掌握好专业知识的同时，可以顺利考取证券从业资格证书，为以后就业做好准备。

4.多媒体融合。本教材配套了东北财经大学出版社"财济书院"平台学习卡，实现纸质教材与数字化平台的多媒体融合。使用本教材的教师和学生可以通过激活教材背面的学习卡登录"财济书院"平台，平台上建设有微课、教学视频、题库、模拟试卷、实训项目、课件、教案、教学计划等丰富的数字化资源，教师还可以通过平台建班建课，与学生进行教学互动，实现线上线下混合式教学。

本教材由山西金融职业学院李照临副教授担任主编，山西金融职业学院周春英老师担任副主编，校企合作的有关专家与山西金融职业学院的其他几位老师共同完成了本书的编写工作。具体编写分工如下：龚丽楠编写项目一；周春英编写项目二；朱宇蕊编写项目三；李照临编写项目四；党洁编写项目五。北京指南针科技发展股份有限公司招聘培训部总监马昌明、人事经理杜明欣和国泰君安证券股份有限公司山西分公司首席投资顾问张晶参与了教材的调研、论证和编写方案的制订等工作。

本教材具有较强的实践操作性和指导性，不仅可以作为高等职业院校金融类相关专业必修课程教材，也可作为非金融类专业的选修课程教材，同时也可作为相关从业人员进行证券投资操作的指导用书。

本教材在编写过程中，参阅了大量的国内外相关文献、数据资料和案例，在此向原作者特别致谢。教材的编写得到了北京指南针科技发展股份有限公司、国泰君安证券股份有限公司山西分公司等证券企业的领导和证券行业专家的关心和支持，在此一并向他们表示衷心的感谢！

由于编者水平有限，教材仍会有不足之处，欢迎广大读者和证券业同仁不吝赐教！

编　者

2022年12月

目　录

项目一
证券投资基础知识认知

学习目标

知识目标

掌握投资与证券投资的基本知识；掌握证券与有价证券的基本知识，熟悉证券的种类；掌握股票、债券与证券投资基金的概念、特征、种类等知识；掌握期货、期权等证券投资衍生工具的概念、特征、交易制度等知识；了解证券市场价格指数的编制方法；了解我国与国际证券市场的主要价格指数。

能力目标

能够下载、安装、注册证券行情软件，熟悉软件操作，能够熟练查看各类证券的信息；能够看懂期货与期权的报价、交易信息。

思政目标

通过对“老鼠仓”案例的学习，引导学生做遵法守法、遵守证券行业道德规范、具有良好职业道德的证券从业人员；通过对“原油宝”案例的学习，引导学生成为具有良好风险管理能力的理性投资者。

证券是商品经济和社会化大生产发展的产物。证券市场是经济、金融体系的重要组成部分。通过本项目的学习，你将了解有价证券、证券投资、证券投资基本工具、证券投资衍生工具、证券市场价格指数与证券行情软件的相关知识与技能，为学习证券投资实务课程奠定良好的基础。

任务一 了解证券与证券投资

证券投资不仅是使个人财富稳健增长的手段，在政府、企业筹措资金、调节资金流向、优化资源配置等方面也都有着举足轻重的作用。对于每位投资者而言，了解有价证券与证券投资的基本知识是不可或缺的一步。

知识准备

微课1-1

证券是什么

一、证券与有价证券

（一）证券的概念

证券是指各类记载并代表一定权利的法律凭证。它用以证明证券持有人有权依其所持凭证记载的内容而取得应有的权益。从一般意义上来说，证券是指用以证明或设定权利所做的书面凭证，它表明证券持有人或第三者有权取得该证券代表的特定权益，或证明其曾经发生过的行为。

（二）证券的形式

证券可以采取纸面形式或证券监管机构规定的其他形式。随着电子、信息、网络等技术的发展，证券已趋于无纸化，证券投资者不再拥有任何纸面形式的证券，其持有的证券种类、数量、权利等均被记载于投资者的账户中。

（三）证券的要素

1.证券持有人

证券持有人即证券为谁所有。

2.证券标的物

证券标的物是指证券票面上所载明的特定的具体内容，表明持有人权利所指向的特定对象。

3.证券标的物价值

证券标的物价值是指证券所载明的标的物的价值多少。

4.证券权利

证券权利是指证券持有人持有该证券所拥有的权利。

（四）证券的特征

1.法律特征

法律本身必须具有合法性，包含的特定内容具有法律效力。

2.书面特征

法律必须采取纸面形式或具有同等效力的形式，必须按照特定的格式进行书写或制作，并载明相关法规规定的全部必要事项。

（五）证券的分类

证券按其性质不同可分为无价证券与有价证券。

1.无价证券

无价证券又称凭证证券，是指本身不能使持有人或第三人取得一定收入的证券，如借据、收据、机票、火车票等。

2.有价证券

有价证券是指标有票面金额，证明持有人或该证券指定的特定主体对特定财产拥有所有权或债权，有权取得相应收入，并可在证券市场上流通、交易的凭证。有价证券是虚拟资本的一种形式，它本身没有价值，但它有价格。

有价证券又可分为广义有价证券与狭义有价证券。广义有价证券可分为三类：商品证券、货币证券与资本证券。狭义有价证券指资本证券。证券投资的研究对象为狭义有价证券。

（1）商品证券：证明持券人有商品所有权或使用权的凭证。取得这种证券就等于取得这种商品的所有权，持券者对这种证券所代表的商品所有权受法律保护，如提货单、运货单、仓库栈单等。

（2）货币证券：本身能使持券人或第三者取得货币索取权的有价证券。货币证券主要包括两大类：一类是商业证券，主要包括商业汇票和商业本票；另一类是银行证券，主要包括银行汇票、银行本票和支票。

（3）资本证券：由金融投资或与金融投资有直接联系的活动而产生的证券。持券人对发行人有一定的收入请求权。资本证券包括股票、债券、证券投资基金及其衍生品种，如远期、期货、期权与互换等。

二、有价证券的分类

（一）按证券发行主体分类

按证券发行主体分类，有价证券可分为政府证券、政府机构证券和公司证券。

政府证券即政府债券，包括中央政府债券与地方政府债券。

政府机构证券是由经批准的政府机构发行的证券。我国目前不允许政府机构发行证券。

公司证券是公司为筹措资金而发行的有价证券。公司证券的范围比较广泛，包括股票、公司债券及商业票据等。此外，在公司债券中，通常将银行及非银行金融机构发行的证券称为金融证券，其中最常见的是金融债券。

（二）按是否在证券交易所挂牌交易分类

按是否在证券交易所挂牌交易分类，有价证券可分为上市证券与非上市证券。

上市证券又称挂牌证券，是指经证券主管机关批准，并向证券交易所注册登记，获得在交易所内公开买卖资格的证券。

非上市证券也称非挂牌证券、场外证券，指未申请上市或不符合在证券交易所挂牌交易条件的证券，如凭证式国债。

（三）按募集方式分类

按募集方式分类，有价证券可分为公募证券和私募证券。

公募证券是指发行人通过中介机构向不特定的社会公众投资者公开发行的证券，其审批较严格，采取公示制度。

私募证券是指向少数特定的投资者发行的证券，其审查条件相对较松，投资者也较少，不采取公示制度。私募证券的投资者多为与发行者有特定关系的机构投资者，也有发行公司、企业的内部职工等。

（四）按收益固定与否分类

按收益的固定与否分类，证券可分为固定收益证券和变动收益证券。

固定收益证券是指持券人可以在特定的时间内取得固定的收益并预先知道取得收益的数量和时间，如固定利率债券、优先股股票等。

变动收益证券是指因客观条件的变化其收益也随之变化的证券，如普通股股票，其股利收益事先不确定，而是随公司税后利润的多少来确定，又如浮动利率债券。

一般说来，变动收益证券比固定收益证券的收益高、风险大，但是在通货膨胀条件下，固定收益证券的风险要比变动收益证券大得多。

（五）按发行的地域或国家分类

按发行的地域或国家分类，证券可分为国内证券和国际证券。

国内证券是一国国内的金融机构、公司、企业等经济组织或该国政府在国内资本市场上以本国货币为面值所发行的证券。

国际证券则是由一国政府、金融机构、公司、企业或国际经济机构在国际证券市场上以其他国家的货币为面值而发行的证券，包括国际债券和国际股票两大类。

（六）按证券的经济性质分类

按证券的经济性质分类，证券可分为基础证券和金融衍生证券两大类。

股票、债券和证券投资基金都属于基础证券。

金融衍生证券是指由基础证券派生出来的证券交易品种，主要有金融期货与期权、可转换证券、存托凭证、认股权证等。

课堂训练1-1

学习了有价证券的分类后，请你画出证券分类思维导图，并对各类证券进行举例。

三、有价证券的特征

（一）收益性

证券的收益性是指持有证券本身可以获得一定数额的收益，这是投资者转让资本所有权或使用权的回报。

（二）流动性

证券的流动性是指证券变现的难易程度。

（三）风险性

证券的风险性是指实际收益与预期收益的背离，或者说是证券收益的不确定性。

（四）期限性

债券一般有明确的还本付息期限，以满足不同筹资者和投资者对融资期限以及与此相关的收益率需求。债券的期限具有法律约束力，是对融资双方权益的保护。股票没有期限，可以视为无期证券。

微课1-2

证券软件操作

教学互动1-1

在学习投资与证券投资知识之前，根据你的生活常识，你觉得投资是什么？

四、投资

（一）投资的概念

经济学家威廉·夏普给出的投资的定义：投资是指为了获得可能但不确定的未来值而做出的确定的现值的牺牲，即资金投入、增值、收回本金以及额外收益的过程。

CFA（特许金融分析师职业资格认证）给出的投资的定义：

投资是指投资者当期投入一定数额的资金而期望在未来获得回报，所得回报应该能补偿投资资金被占用的时间、预期的通货膨胀率以及未来收益的不确定性。

教学互动1-2

了解了投资的概念后，你觉得接受教育是投资的一种吗？投资具有怎样的特点？

（二）投资的特点

1.时间性

投资都需要一定的时间。

2.风险性与收益性

投资的目的在于获得收益，但是否能带来收益、带来多少收益，收益是否能达到投资者的预期都是不确定的。

3.流动性

投资的对象往往都具有流动性，即可以在市场上进行交易并转化为现金的特性。如果某种投资资产不具有流动性，不能转化为更多的现金，投资也就失去了带来回报的功能。

4.社会广泛性

随着社会的发展与科技的应用，投资品种极为丰富，面额小额化，不受投资者持有资金限制，流通性增强，且门槛越来越低，适合广大普通民众参与。

（三）投资的分类

1.实物投资与金融投资

投资一般分为实物投资与金融投资。实物投资是对现实的物质资产进行的投资，即各个投资主体为了在未来获得经济或社会效益而进行的实物资产购建活动，如国家、企业、个人出资建造工业厂房和购置生产所用的机械设备等。金融投资是指投资主体用其积累起来的货币购买股票、债券等金融资产，以获得经济收益的经济行为。

实物投资与金融投资的区别在于：实物投资的对象为实物资产，资金的使用权与所有权是统一的，都属于投资者，资金需求者同时也是资金供给者，目的是从事生产经营活动以获取生产经营利润，会形成社会资本存量的直接增加；而金融投资的对象为金融资产，资金的使用权与所有权是分离的，使用权属于证券发行人即资金需求者，而所有权属于投资者即资金供给者，资金的供需双方是分离的，目的是获得金融资产的增值收益，不直接增加社会的资本存量。同时，实物投资与金融投资也是密不可分的，金融投资的资金最终会被用于实物投资，实物投资在无法满足巨额资本的需求时，往往要借助金融投资。

2.直接投资与间接投资

根据投资方式的不同，金融投资又可分为直接投资与间接投资。

直接投资是指资金供给者与资金需求者根据协议的条件直接融通资金，以公司债券、股票为主要工具的一种金融运行机制。

间接投资是指资金的供给者和需求者不直接联系，而是以金融机构为媒介进行的间接资金融通。银行存款是现代信用制度下典型的间接投资方式，资金供给者把资金存入银行，由银行把资金集中起来贷放给资金需求者，银行充当资金供求的中介，间接投资的典型例子还有证券投资基金等。

由于金融投资的投资对象是各类有价证券，因此也被称为证券投资。

五、证券投资

（一）证券投资的原则

1.效益与风险最佳组合原则

效益与风险最佳组合是指在风险一定的前提下，尽可能使收益最大化，或在收益一定的前提下，使风险最小化。

2.量力投资原则

个人投资者在投资前，需要衡量自己是否有、有多少闲置资金可用于投资，还需要客观衡量自己的风险承受能力，为证券投资风险做必要的准备。

3.分散投资原则

分散投资原则是指建立科学有效的证券组合，投资于多样化的证券，以分散风险。

4.理智投资原则

理智投资原则是指证券投资要在分析、比较后审慎地投资。

（二）证券投资的作用

1.证券投资为社会提供了筹集资金的重要渠道，是各类企业进行直接融资的有效途径。

2.证券投资有利于调节资金投向，提高资金使用效率，从而引导资源合理流动，实现资源的优化配置。

3.证券投资有利于改善企业经营管理，提高企业经济效益和社会知名度，促进企业的行为合理化。

4.证券投资为中央银行进行金融宏观调控提供了重要手段，对国民经济的持续、高效发展具有重要意义。

（三）证券投资的要素

1. 场所

证券投资交易的场所即证券市场，包括发行市场与流通市场。

2. 主体

证券投资主体即证券投资参与者，其既是资金供给者，也是投资工具的购买者。证券投资的主体包括以下三类：

（1）个人投资者。个人投资者又称散户，指以家庭资产进行投资的投资者。其特点为：不创造新的金融资产；盲目性、投机性强；通常个人资金量少，几乎无市场影响力；需要借助中介机构。

（2）机构投资者。机构投资者可分为金融机构与非金融机构两类。其特点为：资金量大，具有信息优势，市场影响力强，能通过资产组合有效分散风险。

参与投资活动的金融机构主要包括作为证券中介机构的证券公司，从事存贷款、存管业务的商业银行，从事保险业务的保险公司以及进行证券投资基金管理的基金公司等。

非金融机构在证券市场中主要是资金的需求者，通过发行投资工具获取投资资金进行生产。

（3）政府。一是政府作为资金的需求者，在证券市场发行国债以弥补赤字、筹措资金，满足其财政资金需求；二是政府通过中央银行在证券市场中买卖国债，影响市场利率和货币供应量，从而调控宏观经济；三是政府通过证监会等监管部门对证券市场进行监管，以确保证券交易的公平、公开与公正。

3. 客体

证券投资的客体即证券投资工具，包括基础工具与衍生工具。

实践训练

一、实训项目

认识证券与证券行情软件（东方财富）。

二、实训目标

认识证券行情软件，掌握其基本使用方法。

三、实训内容

1. 下载并安装东方财富客户端。

2. 注册账户并登录。

3. 了解客户端各界面功能，熟悉常用快捷键。快捷键包括以下几类：自选股、功能键、行情查看、分时图等。

4. 记录当日上证指数。

5. 查看并简要记录当日自己感兴趣的财经新闻。

6. 选择几只自己感兴趣的证券，并加入自选股。

任务二 证券投资基本工具

证券投资基本工具包括股票、债券与证券投资基金，是投资者最早接触、最常使用的证券投资工具。了解它们并熟悉其特点，是进行证券投资的基础。

知识准备

一、股票

（一）股份有限公司

根据《中华人民共和国公司法》（以下简称《公司法》）的规定，公司是依法在中国境内设立的，有独立的法人财产，享有法人财产权，以其全部财产对公司的债务承担责任的企业法人。公司包括有限责任公司和股份有限公司。

股份有限公司是指公司资本为股份所组成的公司，股东以其认购的股份为限对公司承担责任的企业法人。其主要特征包括：公司的资本总额平分为金额相等的股份，每一股份代表的金额相等，具有同等权利，同时是公司资本最小最基本的计量单位，每个股份不可再分割，并且可以被依法转让；公司可以向社会公开发行股票筹资；法律对公司股东人数只有最低限度规定，无最高限度规定；股东以其所认购股份对公司承担有限责任，公司以其全部资产对公司债务承担责任；股东以其所认购持有的股份，按比例享受权利，并承担相应的义务。

股份有限公司的设立方式主要有发起设立与募集设立两种。发起设立是指所有股份均由发起人认购，不得向社会公开招募；募集设立是指发起人只认购股份的一部分，其余部分向社会公开招募。

课堂训练1-2

股份有限公司是指公司资本为股份所组成的公司，股东以其认购的股份为限对公司承担责任的企业法人。某股份有限公司资本总额为1亿元，欠债2亿元，以公司资本还债1亿元后，剩下的债务能否向公司所有人的私人财产追偿？并说明理由。

微课1-3

股票的含义

（二）股票的概念

股票是代表股份的凭证。股票是由股份有限公司为了筹集长期资金而发行，证明投资者的股东身份、所持股份与相应权益，代表股东对股份公司的所有权，股东据以享有相应权利并承担相关义务的有价证券。股票是有价证券的一种基本形式。

股票的概念包括三方面的内容：

1.股票由且只能由股份有限公司发行，政府、其他类型的企业都不能发行股票。

2.股票的持有人即股东，享有对股份公司的所有权，这种权利与债权是不同的。

3.股东享有四项基本权利：

（1）公司决策参与权。股东享有参与股东大会的权利，并享有建议权、表决权和选举权，也可以委托他人代表其行使股东权利。股东大会既是公司的最高权力机关，由全体股东组成，按照所持股份比例享有对公司重大事项进行决策的权利，如选任和解除董事，对公司的经营管理有广泛的决定权等，也是一种定期或临时举行的由全体股东出席的会议。

（2）公司利润分配权。股东有权按照所持股份比例，从公司利润分配中得到股息与红利。

（3）优先认股权。如果公司增发股票，现有股东有权按其持股比例，以低于市价的某一特定价格优先购买一定数量的新发行股票，从而保持其对公司所有权的原有比例。

（4）剩余资产分配权。当公司破产清算时，若公司的资产在偿还欠债后还有剩余，其剩余部分按照股东所持股份比例进行分配。

课堂训练1-3

观察图1-1中上海飞乐音响公司股票，并在东方财富客户端中查看任意股票的个股资料，写出股票的构成要素。

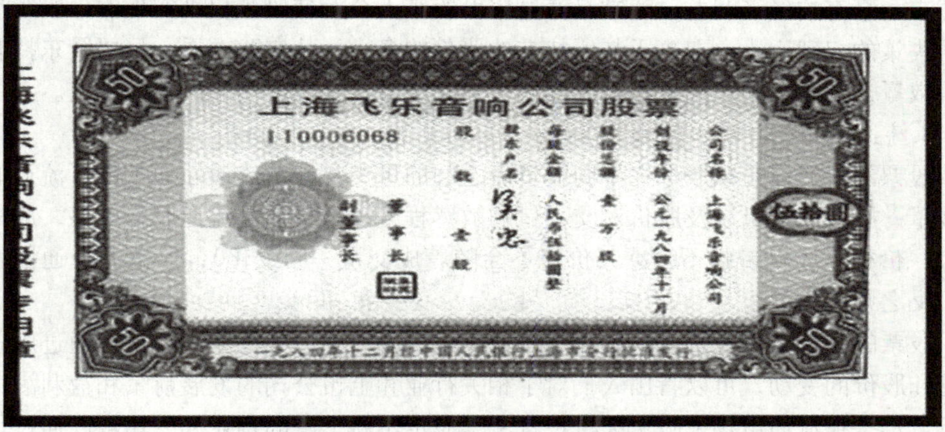

图1-1　上海飞乐音响公司的股票

（三）股票的性质

1.股票是一种有价证券

股票是财产价值与财产权利的统一表现形式，代表投资者可以行使该证券代表的权利（如获得公司分配的股息和红利），也代表拥有公司一定价值量的资产。

2.股票是一种要式证券

股票记载的事项必须全面、真实，符合法律规定，才能具备法律效力。2023年2月17日，中国证监会发布全面实行股票发行注册制相关制度规则，自公布之日起施行，这标志着全面实行股票发行注册制正式实施。发行人申请发行股票时，必须依法将公开的各种资料完全准确地向证券监管机构申报，任何个人或团体不得未经申报注册擅自发行股票。

3.股票是一种证权证券

证券是一种权利物化的外在形式，是权利的载体。权利已经存在，股票是把已存在的股东权利表现为证券的形式，如取得资产收益、参与重大决策、选择管理者等权利。

4.股票是一种资本证券

购买股票是对公司的投资行为。

（四）股票的特征

1.不可偿还性（永久性）

股票是一种无偿还期限的有价证券，投资者认购股票后，就不能再要求退股，只能到二级市场卖给第三人。股票的转让只是意味着公司股东的改变，并不减少公司的资本。从期限上看，只要公司存在，它所发行的股票就存在，股票的期限等于公司存续的期限。

2.参与性

股东有权出席股东大会，选举公司董事会，参与公司重大决策。股票持有者的投资意志和享有的经济利益，通常是通过出席股东大会行使股东权来实现的。股东参与公司决策的权利大小，取决于其所持有的股份的多少。从实践中看，只要股东持有的股票数量达到左右决策结果所需的实际多数时，就能掌握公司的决策控制权。

3.流通性

股票的流通性是指股票在不同投资者之间的可交易性。流通性通常以可流通的股票数量、股票成交量以及股价对交易量的敏感程度来衡量。可流通股数越多，成交量越大，价格对成交量越不敏感（价格不会随着成交量一同变化），股票的流通性就越好，反之则越差。

股票的流通，使投资者可以在市场上卖出所持有的股票，取得现金。通过股票的流通和股价的变动，可以看出人们对于相关行业和上市公司的发展前景和盈利潜力的判断。那些在流通市场上吸引大量投资者、股价不断上涨的行业和公司可以通过增发股票，不断吸收大量资本进入生产经营活动，达到优化资源配置的效果。

4.收益性

股东凭其持有的股票，有权从公司领取股息或红利，获取投资的收益。股息或红利的大小，主要取决于公司的盈利水平和公司的盈利分配政策。股票的收益性，还表现为股票投资者可以通过低价买入和高价卖出股票，赚取差价收益，即资本利得。

5.风险性

股票在交易市场上作为交易对象，同商品一样，有自己的市场行情和市场价格。由于股票价格要受到诸如公司经营状况、供求关系、银行利率、大众心理等多种因素的影响，其波动有很大的不确定性。正是这种不确定性，有可能使股票投资者遭受损失。价格波动的不确定性越大，投资风险也越大。因此，股票是一种高风险的金融产品。

（五）股票的价值与价格

股票是一种虚拟资本，公司发行股票所筹的资金是用于运营的真实资本，而在交易市场上流通的股票独立于真实资本之外，进行独立的价值运动。

股票代表着获取收益的权利，作为一种获利手段，价值可以用货币来衡量。

1.股票的票面价值

股票的票面价值又称面值，即在股票票面上标明的金额。该种股票被称为有面额股票。

2.股票发行价格

股票发行价格是指股票公开发行采用的价格。

3.股票的账面价值

股票的账面价值又称股票净值或每股净资产，在没有优先股的条件下，每股账面价值等于公司净资产除以发行在外的普通股票的股数。

4.股票市场价格

股票市场价格是指股票在流通市场上交易的价格。股票的市场价格由股票的价值决定，但同时受许多其他因素的影响。

课堂训练1-4

1.什么是折价发行、溢价发行与平价发行？

2.使用东方财富客户端查找神州高铁（000008）的资料，回答问题：

（1）神州高铁的股票面值、发行价、股票账面价值、最近一个交易日的收盘价分别为多少元？

（2）神州高铁的发行采取了哪种发行方式？

（六）股票的分类

1.按是否记载股东姓名分类

按是否记载股东姓名，股票可以分为记名股票和无记名股票。

我国上海证券交易所与深圳证券交易所目前流通的股票都是记名股票，即在股东名册上与股票上均登记持有人的姓名或名称的股票。由于股票的无纸化，所以现在是由证券登记结算机构登记股东姓名。记名股票要求股东转让股票时必须办理股票过户手续，变更持有人姓名或名称，除了记名股东外，任何人不得凭股票对公司行使股东权利。不记名股票是指股票票面不记载股东姓名的股票，可以自由转让，不需要办理过户手续。

2.按是否在股票票面上标明金额分类

按是否在股票票面上标明金额，股票可以分为有面额股票和无面额股票。

我国上海证券交易所与深圳证券交易所目前流通的股票都是有面额股票，即在票面上注明股票所代表金额的股票。

3.按股东享有权利的不同分类

按股东享有权利的不同，股票可以分为普通股和优先股。

优先股是指股份有限公司发行的在分配公司收益和剩余资产方面给予投资者某些优先权的股票。其特点包括：

（1）优先股股东一般没有参与公司经营管理的权利。优先股股东一般没有选举权和被选举权，即没有选举或被选举为董事、监事等公司管理者的权利；对股份公司的重大经营决策无投票权，但在某些情况下可以享有表决权，如召开会议讨论与优先股股东利益有关的事项时。

（2）优先股股息率是固定的。优先股有固定的股息，不受公司业绩好坏的影响，并可以先于普通股股东领取股息，但不参加公司的红利分配。

（3）优先股股东享有公司剩余财产优先求偿权。当公司破产进行财产清算时，在偿还完债务后，优先股股东对公司剩余财产有先于普通股股东的要求权。

普通股是指持有者在公司的经营管理和盈利以及财产的分配上享有普通权利的股票。在我国上海证券交易所与深圳证券交易所上市交易的股票均为普通股。普通股的特点包括：

（1）普通股股东一般拥有发言权和表决权，即有权就公司重大问题进行发言和投票表决。普通股股东持有一股便有一股的投票权。任何普通股股东都有资格参加公司最高级会议即每年一次的股东大会，也可以委托代理人来行使其投票权。

（2）普通股股东有权获得股利，但必须是在公司支付了债息和优先股的股息之后才能取得。普通股的股利是不固定的，一般视公司净利润的多少而定。普通股股东还有权参与公司的红利分配。

（3）当公司因破产进行清算时，普通股股东必须在公司的债权人、优先股股东之后才能分得公司剩余财产。

（4）普通股股东一般具有优先认股权，即当公司增发新普通股时，现有股东有权优先购买新发行的股票，以保持其对公司所有权的原百分比不变，从而维持其在公司中的权益。虽然优先认股权含有“优先”两个字，但它是优先股股东所不具有的权利。

4.按认购股票投资者身份和上市地点分类

按认购股票投资者身份和上市地点分类，股票可以分为境内上市内资股、境内上市外资股和境外上市外资股三类。

境内上市内资股（A股）又称人民币普通股票，以人民币标明面值，在境内上市，由我国大陆投资者投资，以人民币认购、交易。

境内上市外资股（B股）又称人民币特种股票，在境内上市，以人民币标明面值，向境外投资者募资，以外币认购、交易。其中上交所的B股以美元认购、交易，深交所的B股以港元认购、交易。随着证券市场的开放与发展，满足一定条件的境内投资者也可以投资B股。

境外上市外资股（H股、N股、S股、L股等）：在境外上市，向境外投资者募资。例如，H股为在香港交易所上市但注册地在中国内地的外资股，可在证券行情软件的沪港通、深港通板块查看。N股：在纽约证券交易所上市的外资股；S股：在新加坡证券交易所上市的外资股；L股：在伦敦证券交易所上市的外资股。

（七）股息和红利

股息是股份公司从提取了公积金、公益金的税后利润中按照股息率派发给股东的收益。红利则是在上市公司分配股息之后按持股比例向股东分配的剩余利润。红利虽然也是公司分配给股东的回报，但它与股息的区别在于，股息的利率是固定的（特别是对优先股而言），而红利数额通常是不确定的，它随着公司每年可分配盈余的多少而上下浮动。获取股息和红利，是投资者投资于上市公司的基本目的，也是股票投资者的基本经济权利。股息与红利合起来称为股利。

股利发放最常见的两种形式是现金股利与股票股利。发放现金股利又称派现，是股份公司以货币形式发放给股东的股利。发放股票股利是指股份公司对原有股东采取无偿派发股票的行为，又称送股。送股时，将上市公司的留存收益转入股本账户，留存收益包括盈余公积和未分配利润，上市公司一般只将未分配利润部分送股。

（八）股利分配程序中的重要日期

1.分配公告日：股份公司于分配公告日向股东宣布股利发放事项的日期。

2.股权登记日：只有在当日登记于公司股东名册上，才有资格享受此次股利。

3.除权除息日：股权登记日后的第一个交易日，该日与之后买进的股票不再享有此次股利。交易所在除权除息日当天公布股票的除权除息价。

4.股利发放日：股利正式发放给股东的日期。

（九）除权与除息

1.除权

除权是指由于公司股本增加，每股股票所代表的企业实际价值（每股净资产）有所减少，需要在发生该事实之后从股票市场价格中剔除这部分因素而形成的剔除行为。送转股与配股后都要进行除权。

送转股是指股票发行公司依一定比例分配股票给股东作为股票股利，此时增加公司的总股数。送转股是无偿的。

配股是指向原股票股东按其持股比例以低于市价的某一特定价格配售一定数量新发行股票的融资行为。配股是有偿的，需要投资者投入新的资金。

2.除息

除息是指上市公司派现后，虽然总股本未发生变化，但由于现金派发出去后，上市公司每股净资产发生了改变，对应的股价也将相应调低，即从股票市场价格中扣除这段时期内应发放的股利金额。派现是无偿的。

$$\text{理论上的除权除息价}=(\text{股权登记日收盘价}+\text{配股比例}\times\text{配股价}-\text{每股所派现金})/(1+\text{送转股比例}+\text{配股比例})$$

除权除息价只能作为除权除息日开盘价的参考，开盘价仍是经过集合竞价产生的。股票市价（除权除息日开盘价）高于除权除息基准价，这种行情称为填权填息。股票市价低于除权除息基准价，这种行情称为贴权贴息。

课堂训练1-5

使用东方财富寻找一只最近进行过股利发放的股票，查看相关数据，计算其理论上的除权除息价。该股票此次股利发放后是填权填息还是贴权贴息？

二、股票价格指数

（一）股票价格指数的概念

股票价格指数简称股价指数，是由证券市场管理机构或金融服务机构编制，通过对股市中部分或全部股票进行价格平均计算与动态对比后得出的数值。它是反映股市总体价格水平或某类股票价格变动与走势的指标。在表述股票价格指数时，常将“%”省略，直接称多少“点”。

（二）股价指数的计算方法

1.相对法（平均法）

相对法是先计算各样本股票指数，再加总求总的算术平均数。其计算公式为：

股票指数=（基期股价指数×n个样本股票指数之和）/n

2.综合法

综合法是先将样本股票的基期和报告期价格分别加总，然后相比求出股票指数。其计算公式为：

股票指数=（基期股价指数×报告期股价之和）/基期股价之和

3.加权法

加权法是根据各期样本股票的相对重要性予以加权，其权数可以是成交股数、股票发行量等。按时间划分，权数可以是基期权数，也可以是报告期权数。以基期成交股数（或发行量）为权数的指数称为拉斯拜尔指数；以报告期成交股数（或发行量）为权数的指数称为帕氏指数。

（三）股价指数的编制步骤

1.选定样本股票。

2.选定基期，设定基点。

3.选择计算方法。

4.计算股价指数。

5.进行修正并指数化。

（四）股价指数的作用

1.反映股市总体行情，反映一个国家或地区的社会、经济整体情况。

2.为投资者进行证券投资分析提供不可或缺的信息。

课堂训练1-6

查找资料，了解以下6个股价指数的基本情况：道琼斯股价指数；标准普尔股价指数；金融时报指数；日经指数；纳斯达克指数；香港恒生指数。

三、债券

（一）债券的概念

债券（bonds）是一种金融契约，是政府、金融机构、工商企业等直接向社会借债筹措资金时，向投资者发行，同时承诺按一定利率支付利息并按约定条件偿还本金的债权债务凭证。

教学互动1-3

你借过钱吗？打过借条吗？借钱的时候，双方需要约定好哪些事项呢？

（二）债券的性质

1.债券是一种虚拟资本

债券本身没有价值，但债券是有价证券，是证明真实资本的证书，这赋予了债券价格并可流通、转让。

2.债券是一种金融投资

债券的持有者可按期获得利息，或在流通市场上进行交易，赚取差价收益。债券对于投资者是一种金融资产，而对于发行人是一种金融负债，债券体现着二者的债权债务关系。

3.债券体现发行人与投资者之间的信用关系

投资资金的所有权与使用权分离，资金的所有权属于投资者，而资金的使用权转移给了发行人。

课堂训练1-7

观察实物债券的图片（如图1-2所示），使用东方财富客户端查看企业债、公司债与国债的资料，写出债券的基本要素。

图1-2　实物债券

微课1-4

债券的要素

（三）债券的特征

1.偿还性

偿还性是指债券有规定的偿还期限，债务人必须按期向债权人支付利息和偿还本金。

2.流动性

流动性是指债券持有人可按需要和市场的实际状况，灵活地转让债券，以提前收回本金和实现投资收益。

3.安全性

安全性是指债券持有人的利息收益相对稳定，不随发行者经营收益的变动而变动，并且到期后可收回投资本金。

4.收益性

收益性是指债券能为投资者带来一定的收入，即债券投资的报酬。在实际经济活动中，债券收益可以表现为三种形式：一是投资债券可以给投资者定期或不定期地带来利息收入；二是投资者可以利用债券价格的变动，买卖债券赚取差额；三是再投资收益，即投资者投资分期付息债券，将分期付息债券的利息收入（债券记息时间终止前）再投资于付息债券（记入本金）而获得的收益。

教学互动1-4

偿还性、流动性、安全性与收益性之间的关系是什么？

课堂训练1-8

比较股票与债券的特征，填写下表。

股票的特征	债券的特征
不可偿还性	
风险性	
参与性	–
流动性	
收益性	

（四）债券的分类

1.按偿还期限分类

按偿还期限分类，债券可分为长期债券（偿还期限在10年以上）、中期债券（偿还期限在1年以上10年以下）与短期债券（偿还期限在1年以下）。

教学互动1-5

长期债券收益性与流动性如何？相比短期债券，利率应该更高还是更低？

2.按付息方式分类

根据债券发行条款中是否规定在约定期限向债券持有人支付利息，债券可分为零息债券、附息债券、息票累积债券三类。

（1）零息债券。

零息债券又称贴现债券，是指在票面上不规定利率，发行时按某一折扣率，以低于票面金额的价格发行，即采用折价发行的方式，发行价与票面金额之差额相当于预先支付的利息，到期时按面额偿还本金的债券。

（2）附息债券。

债券合约中明确规定，在债券存续期内，对持有人定期支付利息（通常每半年或每年支付一次）。

（3）息票累积债券。

与附息债券相似，这类债券也规定了票面利率，但是债券持有人必须在债券到期时一次性获得还本付息，存续期间没有利息支付。

3.按计息方式分类

按计息方式分类，债券可分为单利债券、复利债券和累进利率债券。

（1）单利债券。

单利债券是指在计息时，不论期限长短，仅按本金计息，所生利息不再加入本金计算下期利息的债券。

（2）复利债券。

复利债券与单利债券相对应，是指计算利息时按一定期限将所生利息加入本金再计算利息，逐期滚算的债券。

（3）累进利率债券。

累进利率债券是指年利率以利率逐年累进方法计息的债券。累进利率债券的利率随着时间的推移，后期利率比前期利率更高，呈累进状态。

课堂训练1-9

某债券面值100元，年利率5%，期限为3年。

1.以单利计，持有到期后能获得多少利息？

2.以复利计，持有到期后能获得多少利息？

4.按债券利率在偿还期内是否变化分类

按债券利率在偿还期内是否变化分类，债券可分为固定利率债券（定息债券）和浮动利率债券（浮息债券）。

（1）固定利率债券（定息债券）。

固定利率债券是将利率印在票面上并按期向债券持有人支付利息的债券。该利率不随市场利率的变化而调整，因而固定利率债券可以较好地抵制通货紧缩风险。

（2）浮动利率债券（浮息债券）。

浮动利率债券的息票率是随市场利率变动而调整的利率。因为浮动利率债券的利率同当前市场利率挂钩，而当前市场利率又考虑到了通货膨胀率的影响，所以浮动利率债券可以较好地抵制通货膨胀风险。其利率通常根据市场基准利率加上一定的利差来确定。浮动利率债券往往是中长期债券。

5.按债券发行主体分类

按债券发行主体分类，债券可分为政府债券、金融债券和公司债券。

（1）政府债券。

政府债券的发行主体是政府，它是指政府财政部门或其他代理机构为筹集资金，以政府名义发行的、承诺在一定时期支付利息和到期还本的债务凭证。中央政府发行的债券称为中央政府债券或国债，地方政府发行的债券称为地方政府债券，有时也将二者统称为公债。

政府债券的性质主要从两个方面考察：第一，从形式上看，政府债券也是一种有价证券，它具有债券的一般性质。第二，从功能上看，政府债券最初仅是政府弥补赤字的手段，但在现代商品经济条件下，政府债券已成为政府筹集资金、扩大公共开支的重要手段，并且随着金融市场的发展，逐渐具备了金融商品和信用工具的职能，成为国家实施宏观经济政策、进行宏观调控的工具。

政府债券具有以下特征：

①安全性高。政府债券是政府发行的债券，由政府承担还本付息的责任，是政府信用的体现。

②流通性强。政府债券是一国政府的债务，发行量一般都非常大。同时，由于政府债券的信用好，竞争力强，市场属性好，所以其交易市场十分发达，如记账式国债不仅允许在证券交易所上市交易，还允许在场外市场进行买卖。

③收益稳定。投资者购买政府债券可以得到一定的利息。政府债券的付息由政府保证，其信用度最高，风险最小，对于投资者来说，投资政府债券的收益是稳定可靠的。

④免税待遇。政府债券是政府自己的债务，为了鼓励人们购买政府债券，对于购买政府债券所获得的收益，可以享受免税待遇。

（2）金融债券。

金融债券是指银行及非银行金融机构依照法定程序发行并约定在一定期限内还本付息的有价证券。

近年来，我国的金融债券市场发展较快，金融债券品种不断增加，主要有政策性金融债券、商业银行金融债券、证券公司债券、保险公司次级债券、财务公司债券等。金融机构一般有雄厚的资金实力，信用度较高，因此金融债券往往有良好的信誉。

（3）公司债券。

公司债券是公司依照法定程序发行的、约定在一定期限还本付息的有价证券。公司债券包括信用公司债券、不动产抵押公司债券、保证公司债券、收益公司债券、可转换公司债券、附认股权证的公司债券、可交换债券等。在国外，没有企业债券和公司债券的划分，这两种债券被统称为公司债券。在我国，企业债券的发行人是中央政府部门所属机构、国有独资企业或国有控股企业，由国家发展和改革委员会监督管理，在很大程度上体现了政府信用。公司债券的发行人是上市公司，由中国证券监督管理委员会监督管理，其信用保障是发债公司的资产质量、经营状况、盈利水平和持续盈利能力等。公司债券的信用风险一般要高于企业债券。

6.按债券形态分类

按债券形态分类，债券可分为实物债券、记账式债券、凭证式债券等。

（五）债券交易市场

根据债券的运行过程和市场的基本功能，债券市场可分为发行市场和流通市场。债券发行市场，又称一级市场，是发行单位初次出售新债券的市场。债券发行市场的作用是将政府、金融机构以及工商企业等为筹集资金向社会发行的债券分散发行到投资者手中。债券流通市场，又称二级市场，是指已发行债券买卖转让的市场。债券一经认购，即确立了一定期限的债权债务关系，但通过债券流通市场，投资者可以转让债权，把债券变现。

根据市场组织形式，债券流通市场可进一步分为场内交易市场和场外交易市场。证券交易所是专门进行证券买卖的场所，如我国的上海证券交易所和深圳证券交易所。在证券交易所内买卖债券所形成的市场，就是场内交易市场。这种市场组织形式是债券流通市场的较为规范的形式，交易所作为债券交易的组织者，本身不参加债券的买卖和价格的决定，只是为债券买卖双方创造条件，提供服务，并进行监管。场外交易市场是在证券交易所以外进行证券交易的市场。柜台交易市场为场外交易市场的主体。许多证券经营机构都设有专门的证券柜台，通过柜台进行债券买卖。在柜台交易市场中，证券经营机构既是交易的组织者，又是交易的参与者，此外，场外交易市场还包括银行间交易市场，以及一些机构投资者通过电话、电脑等通信手段形成的市场等。我国债券流通市场由三部分组成，即沪深证券交易所市场、银行间交易市场和证券经营机构柜台交易市场。

（六）可转换公司债券

1.可转换公司债券的概念

可转换公司债券简称可转换债券，又称可转债，是由发行人依法发行，在一定期限内，依据约定条件，可以转换成本公司普通股票的债券。

2.可转换公司债券的特征

（1）债权性。

与其他债券一样，可转换债券也有规定的利率和期限，投资者可以选择持有债券到期，收取本息。

（2）股权性。

可转换债券在转换成股票之前是纯粹的债券，但转换成股票之后，原债券持有人就由债权人变成了公司的股东，可参与公司的经营决策和红利分配。

（3）可转换性。

可转换性是可转换债券的重要标志，债券持有人可以按约定的条件将债券转换成股票。转股权是投资者享有的、一般债券所没有的选择权。可转换债券在发行时就明确约定，债券持有人可按照发行时约定的价格将债券转换成公司的普通股票。如果债券持有人不想转换，则可以继续持有债券，直到偿还期满时收取本金和利息，或者在流通市场出售变现。如果持有人看好发债公司股票增值潜力，在宽限期之后可以行使转换权，按照预定转换价格将债券转换成为股票，发债公司不得拒绝。正因为具有可转换性，可转换债券利率一般低于普通公司债券利率，企业发行可转换债券可以降低筹资成本。

（4）双重选择性。

可转换债券持有人还享有在一定条件下将债券回售给发行人的权利，发行人在一定条件下拥有强制赎回债券的权利，即双重选择权的特征。一方面，投资者可自行选择是否转股，并为此承担转债利率较低的成本；另一方面，转债发行人拥有是否实施赎回条款的选择权，并为此要支付比没有赎回条款的转债更高的利率。双重选择权是可转换公司债券最主要的金融特征，它的存在将投资者和发行人的风险、收益限制在一定的范围以内，并可以利用这一特点对股票进行套期保值，获得更加确定的收益。

3. 可转债的要素

（1）转股价：规定了投资者可以什么样的价格将公司债券转换为股票。

（2）转股价值：可转债转换后对应的股票价值。

转股价值=面值÷转股价×正股价格（股票交易价格）

（3）转股溢价率：可转债市价相对于其转换后价值的溢价水平。

转股溢价率=（可转债市价-转股价值）/转股价值

转股溢价率越低，可转债的股性就越强。但有时由于市场对可转债未来走高的预期较强，所以经常出现可转债价格高于转股价值的情况，即转股溢价。

转股溢价率越高，说明可转债价格相对于当前的正股价格虚高的成分越高，这中间虽然有市场对正股价格进一步走高的预期，但泡沫成分越高，可转债后市的不确定性就越大，风险越大。

（4）回售条款：为了保护债权人（可转债持有人、投资者）利益的条款。通常，若债券还有两年以内到期，如果正股价格持续低于转股价的70%，则可转债持有人有权以高于面值的价格将可转债回售给发行人。

为了避免回售，上市公司就有动力拉抬股价，或者下调转股价。

（5）赎回条款：为了保护债务人（可转债发行人）利益的条款。通常，若正股价格持续高于转股价的130%，则可转债发行人有权以稍高于面值的价格（一般是103元）赎回未转股的可转债。

投资者为了避免被以面值赎回可转债，需要做的就是行使转股权，这也间接使上市公司促成了转股。

四、证券投资基金

微课 1-5

基金的含义与设立、运作过程

（一）证券投资基金的概念

基金（fund）指基于特定目的和用途而设立的具有一定数量的资金。证券投资基金，就是指为了投资于有价证券的目的而设立的基金。具体而言，证券投资基金是指通过发售基金份额募集资金形成独立的基金财产，由基金管理人管理、基金托管人托管，以资产组合方式进行证券投资，基金份额持有人按其所持份额享受收益和承担风险的投资工具。证券投资中涉及的基金都是证券投资基金，因此后面将证券投资基金简称为基金。

（二）证券投资基金的性质

1.证券投资基金是一种集合投资制度

证券投资基金是一种积少成多的整体组合投资方式，它从广大的投资者那里聚集巨额资金，组建投资管理公司进行专业化管理和经营。在这种制度下，资金的运作受到多重监督。

2.证券投资基金是一种信托投资方式

它与一般金融信托关系一样，主要有委托人、受托人、受益人三方关系人，其中受托人与委托人之间订有信托契约，但证券投资基金作为金融信托业务的一种形式，又有自己的特点。例如，从事有价证券投资主要当事人中如果还有一个不可缺少的托管机构，它不能与受托人（基金管理公司）由同一机构担任，而且基金托管人一般是法人；基金管理人对每个投资者的资金不是分别加以运用，而是将其集合起来，形成一笔巨额资金再加以运作。

3.证券投资基金是一种金融中介机构

证券投资基金存在于投资者与投资对象之间，起着把投资者的资金转换成金融资产，通过专门机构在金融市场上再投资，从而使货币资产得到增值的作用。证券投资基金的管理者对投资者所投入的资金负有经营、管理的职责，而且必须按照合同（或契约）的要求确定资金投向，保证投资者的资金安全和收益最大化。

4.证券投资基金是一种证券投资工具

它发行的凭证即基金券（或受益凭证、基金单位、基金股份）与股票、债券一起构成有价证券的三大品种。投资者通过购买基金券完成投资行为，并凭之分享证券投资基金的投资收益，承担证券投资基金的投资风险。

（三）证券投资基金的特点

1.集合投资、分散风险

基金是一种集合投资方式，它吸收社会上零散的资金，汇集形成一笔规模巨大的投资资金，可用于投资中小投资者没有资格投资的证券品种，同时获得规模效益的优势。基金对投资的最低限额要求不高，投资者可以根据自己的经济能力决定购买数量，有些基金甚至不限制投资额，完全按份额计算收益的分配。以科学的投资组合降低风险、提高收益是基金的另一大特点。在投资活动中，风险和收益总是并存的，但是要实现投资资产的多样化，需要一定的资金实力，对中小投资者而言，由于资金有限，很难做到这一点，而基金可以凭借其雄厚的资金，在法律规定的投资范围内进行科学的组合，分散投资于多种证券，利用不同投资对象之间的互补性，充分分散非系统性风险。

2. 利益共享、风险共担

基金投资的收益由全体基金投资者按照持有份额的比例公平、公正分配，同一基金持有同等份额的投资者享有同等权利；同时，基金投资的风险由全体投资者共同承担。

3. 专业管理、理性投资

基金的管理运作由专业的基金经理负责，这些管理人员都经过专门训练，具有丰富的证券投资经验。他们运用先进的技术分析各种信息资料，能对各种证券的价格变动做出相对正确的预测，在托管人与相关法律法规制度的监管下履行相应职责，提高投资成功率。对于那些没有时间，或者对市场不太熟悉的投资者来说，投资于基金，实际上可以间接地获得专家优势，从而尽可能地避免盲目投资带来的失败。

4. 独立托管、严格监管

托管人对基金的托管保证了基金资产的安全，同时托管人对管理人行为的监管尽可能地保证了基金管理人依法运作基金资产、保障基金投资者的权益。

（四）证券投资基金的三方当事人

1. 基金管理人

基金管理人的职责包括：设计基金产品，发起设立基金；销售基金份额；按照基金契约的规定管理、运作基金资产，利用基金资产进行投资，控制风险，争取收益；计算并公告基金资产净值及每一基金单位资产净值；及时、准确地办理基金的申购和赎回等。基金管理人通常就职于证券公司和基金公司。

2. 基金投资者

基金出资人、份额持有人，也就是基金投资者，享有以下权利：出席或者委派代表出席基金持有人大会；取得基金收益；获取基金业务及财务状况的资料；申购、赎回或者转让基金单位；取得基金清算后的剩余资产等。

基金投资者也必须履行相应义务，包括遵守基金契约；交纳基金认购款项及规定的费用；承担基金亏损或者终止的有限责任；不从事任何有损基金及其他基金持有人利益的活动等。

3. 基金托管人

基金托管人的职责包括：安全保管基金的全部资产；执行基金管理人的投资指令，并办理基金名下的资金往来；监督基金管理人的投资运作；复核、审查基金管理人计算的基金资产净值及基金价格等。基金托管人与管理人之间是监督与被监督的关系。基金托管人通常为商业银行。

（五）证券投资基金的估值

基金从设立到运作的过程如下：

基金管理人向中国证监会申请设立基金，提交基金契约、托管协议与招募说明书等必要文件。设立得到批准后，基金开始进入发行募集期，基金发行的基本单位是基金份额（也叫基金单位），如发行100亿份基金，每份价值1元，同时基金管理人要发售基金券，即基金投资人持有的基金份额的凭证，以募集基金，基金资产交由托管人托管。投资者在基金发行募集期内购买基金单位的行为叫作认购。之后基金进入运作存续期，在存续期内管理人要依据基金契约对基金资产进行管理、投资，为基金投资者争取收益。投资者也可以在基金成立后开始运作的存续期内，申请购买基金单位，这种行为叫作申购。同时，开放式基金的投资者也可以向基金管理人卖出基金份额，收回投资，这样的行为叫作赎回。投资者赎回自己所持有的全部基金份额后，对该基金的本次投资即告终止。如果是封闭式基金，还会经历上市交易的过程。

在此过程中，证券投资基金发生的费用包括两部分。

1.基金销售过程中发生的费用

基金销售过程中发生的费用包括认购费、申购费、赎回费等，由投资者承担。

（1）认购费：投资者在基金发行募集期内购买基金单位时所交纳的手续费。其购买价格为基金单位价格（通常为1元/份额）。

基金认购费计算公式：

净认购金额=认购金额/（1+认购费率）

认购费用=认购金额-净认购金额

认购份额=（净认购金额+认购利息）/基金份额面值

（2）申购费：投资者在基金成立后的存续期内，申请购买基金单位的手续费。其购买价格为当日基金单位净值。

基金申购费计算公式：

净申购金额=申购金额/（1+申购费率）

申购费用=申购金额-净申购金额

申购份额=净申购金额/申购当日基金份额净值

（3）赎回费：在开放式基金存续期间，已持有基金份额的投资者向基金管理人卖出基金份额时所支付的手续费。

基金赎回费计算公式：

赎回总金额=赎回份额×赎回日基金份额净值

赎回费用=赎回总金额×赎回费率

净赎回金额=赎回总金额-赎回费用

课堂训练1-10

查询自己感兴趣的基金的相关信息，回答下列问题。

1.如果在某年9月1日下午3点前申购该基金。

（1）假设以1 000元申购，计算申购费用与申购份额。

（2）假设以100万元申购，计算申购费用与申购份额。

2.如果在某年9月30日下午3点前进行赎回，赎回份额10 000份。

（1）假设基金是在同年9月27日申购的，计算赎回费用与赎回金额。

（2）假设基金是在同年9月1日申购的，计算赎回费用与赎回金额。

2. 基金管理过程中发生的费用

基金管理过程中发生的费用包括管理费、托管费与其他费用（交易费用、信息披露费等）。

（1）基金管理费：基金管理人因管理、运作基金向基金收取的费用，按一定比率逐日计算，按月支付。一般基金规模越大，费率越低；基金风险越高，费率越高。

（2）基金托管费：基金托管人为基金资产提供托管服务向基金收取的费用，按一定比率逐日计算，按月支付。一般基金规模越大，费率越低。

3. 基金负债

基金管理费、托管费等在基金管理过程中发生的费用都属于基金负债。基金负债是指基金运作和融资时形成的各种负债，除了刚才所说的费用，还包括应付收益、应付资金利息等。

投资者出资购买了基金份额后，基金管理人将这些资金汇集为一笔巨大的投资资金，投资于各类有价证券。基金资产总值，指的就是基金所拥有的各类证券的价值、银行存款本息以及其他投资所形成的价值总和。例如，某只基金同时持有股票与银行存款，那么股票市值与银行存款总值属于基金资产，而股票交易时的交易费用属于基金负债。

基金资产净值是指基金资产总值减去基金负债后的价值。基金份额净值，又叫基金单位净值，是指每一基金份额代表的基金资产净值。它们用公式表示如下：

基金资产净值=基金资产总值－基金负债

基金份额净值=基金资产净值÷基金总份额

案例分析1-1

某证券投资基金共发行了1亿份基金，每份面额1元。某日该基金持有的证券市值总额2亿元；银行存款2 500万元，应计利息50万元；银行借款3 000万元，应付利息90万元；应付基金管理人的佣金800万元。（其他费用不计）

计算基金资产总额、基金负债总额、基金净值总额与基金份额净值。

（六）基金的分类

1. 按基金的组织方式分类

（1）契约型基金。

契约型基金又称为单位信托基金，是指把投资者、管理人、托管人三方作为基金的当事人，通过签订基金契约的形式，发行受益凭证而设立的一种基金。

契约型基金是基于契约原理而组织起来的代理投资行为，没有基金章程，也没有董事会，而是通过基金契约来规范三方当事人的行为。基金管理人负责基金的管理和运作。基金托管人作为基金资产的名义持有人，负责基金资产的保管和处置，对基金管理人的运作实行监督。

（2）公司型基金。

公司型基金是按照公司法以公司形态组成的，该基金公司以发行股份的方式募集资金，一般投资者为了认购基金而购买该公司的股份，也就成为该公司的股东，凭其持有的股份依法享有投资收益。这种基金要设立董事会，重大事项由董事会讨论决定。

公司型基金的特点是：基金公司的设立程序类似于一般股份公司，基金公司本身依法注册为法人，但不同于一般股份公司的是，它是委托专业的财务顾问或管理公司来经营与管理；基金公司的组织结构也与一般股份公司类似，设有董事会和基金份额持有人大会，基金资产由公司所有，投资者则是这家公司的股东，承担风险并通过股东大会行使权利。

对投资者来说，投资于公司型基金和契约型基金并无多大区别，它们的投资方式都是把投资者的资金集中起来，按照基金设立时所规定的投资目标和策略，将基金资产分散投资于众多的金融产品上，获取收益后再分配给投资者。

2.按基金运作方式分类

（1）封闭式基金。

封闭式基金的基金单位发行总额和发行期限在设立时已经确定，筹集到这个总额后，基金即宣告成立，并进行封闭，在发行后的规定期限内基金单位发行总额固定不变，不再接受新的投资。封闭式基金的投资者在基金存续期间内不能向发行机构赎回基金份额。基金单位的流通采取在证券交易所上市的办法，投资者日后买卖基金单位都必须通过证券经纪商在二级市场上进行竞价交易。

（2）开放式基金。

开放式基金是指基金管理公司在设立基金时，发行基金单位的总份额不固定，可视投资者的需求追加发行。投资者也可根据市场状况和各自的投资决策，或者向基金发行机构赎回基金份额、收回投资，或者再购买基金增持基金份额。为了应付投资者中途抽回资金、进行变现的要求，开放式基金一般都会从所筹资金中拨出一定比例，以现金形式保持这部分资产。

封闭式基金和开放式基金的区别主要体现在以下几个方面：

①存续期限。封闭式基金有固定的封闭期，而开放式基金没有固定期限，理论上可以一直持续运作下去。

②发行规模。封闭式基金单位发行总额在封闭期内是固定不变的。开放式基金由于投资者可随时追加投资或进行赎回，基金单位发行总额会随之增加或减少。开放式基金通常会将所筹资金的一部分以现金形式保存，以满足投资者随时赎回的需求。

③基金单位交易方式。封闭式基金的基金单位在封闭期限内不能向基金管理公司追加投资或进行赎回，投资者只能在证券交易所进行基金份额的买卖，基金单位交易发生在投资者与投资者之间。开放式基金的投资者则可以在基金运作期间随时向基金管理人提出购买或赎回申请。

④基金单位的交易价格。封闭式基金的交易价格受市场供求关系的影响，不一定反映基金的净值。开放式基金的交易价格则取决于基金单位净值的大小。

⑤投资策略。封闭式基金由于期限与规模均固定，因此基金可进行长期投资。开放式基金为满足投资者随时赎回的需求，基金资产不能全部用于长期投资，必须保持基金资产的流动性。

3.按投资目标分类

(1) 成长型基金。

成长型基金是基金中最常见的一种，它追求的是基金资产的长期增值。为了达到这一目标，基金管理人通常将基金资产投资于信誉度较高、有长期成长前景或长期盈余的所谓成长公司的股票。

(2) 收入型基金。

收入型基金主要投资于可带来现金收入的有价证券，以获取当期的最大收入为目标。收入型基金资产成长的潜力较小，损失本金的风险相对也较低。

(3) 平衡型基金。

平衡型基金将资产分别投资于两种不同特性的证券上，并在以取得收入为目标的债券及优先股和以资本增值为目标的普通股之间进行平衡。这种基金一般将25%~50%的资产投资于债券及优先股，其余的投资于普通股。平衡型基金的主要目标是从其投资组合的债券中得到适当的利息收益，与此同时又可以获得普通股的升值收益。投资者既可获得当期收入，又可得到资金的长期增值，通常是把资金分散投资于股票和债券。平衡型基金的特点是风险比较低，缺点是成长的潜力不大。

4.按投资标的分类

(1) 债券基金。

债券基金以债券为主要投资对象，债券比例须在80%以上。由于债券的年利率固定，因而这类基金的风险较低，适合于稳健型投资者。通常债券基金收益会受货币市场利率的影响，当市场利率下调时，其收益会增加；反之，若市场利率上调，则基金收益会减少。

(2) 股票基金。

股票基金以股票为主要投资对象，股票比例须在60%以上。股票基金的投资目标侧重于追求资本利得和长期资本增值。

(3) 货币市场基金。

货币市场基金是以货币市场工具为投资对象的一种基金。货币市场基金通常被认为是无风险或低风险的投资。其投资对象期限一般在一年内，包括银行短期存款、国库券、公司债券、银行承兑汇票及商业票据等。通常，货币市场基金的收益会随着市场利率的下跌而降低，与债券基金正好相反。

(4) 混合型基金。

混合型基金主要从资产配置的角度看，股票、债券和货币市场工具的投资比例没有固定的范围，其风险低于股票基金，预期收益则高于债券基金，为投资者提供了一种在不同资产之间进行分散投资的工具。

教学互动1-6

1.比较封闭式基金与开放式基金，哪种基金是未来的发展趋势？

2.你用过余额宝或零钱通吗？它们本质上是投资于哪种基金？

5.按投资理念分类

（1）主动型基金。

主动型基金以寻求取得超越市场的业绩表现为目标。

（2）被动型基金（指数基金）。

指数基金一般选取特定的市场价格指数成分股作为投资对象，投资组合等同于指数的权数比例，收益始终保持当期的市场平均收益水平。指数基金不主动寻求超越市场的表现，而是试图复制指数的表现。

6.其他特殊类型

（1）ETF（交易型开放式指数基金）。

ETF（交易型开放式指数基金）是开放式基金的一种特殊类型。投资者既可以向基金管理公司申购或赎回基金份额，又可以像封闭式基金一样在证券市场上按市场价格买卖ETF份额。然而ETF基金的最小申购赎回单位都较大，如嘉实沪深300ETF基金的最小申购赎回单位为90万份，一般只有机构投资者才有能力参与，且其申购赎回必须以一揽子股票换取基金份额或者以基金份额换回一揽子股票。但ETF同时也在证券交易所挂牌交易，为中小投资者提供交易机会。由于同时存在证券市场交易和申购赎回机制，投资者可以在ETF市场价格与基金单位净值之间存在差价时进行套利交易。

（2）LOF（上市开放式基金）。

LOF，英文全称是Listed Open-Ended Fund。这种基金发行结束后，投资者既可以在指定网点申购与赎回基金份额，也可以在交易所交易。当基金交易价格与单位净值不相等时，存在套利机会。

（3）QDII（国内机构投资者赴海外投资资格认定制度）基金。

QDII（Qualified Domestic Institutional Investers）制度容许在资本账项未完全开放的情况下，国内投资者往海外资本市场进行投资。QDII基金是指在一国境内设立，经有关部门批准，投资对象为境外证券市场的股票、债券等有价证券的基金。

（七）基金定投

基金定投有“三定”：每月投资时间固定；每次投资金额固定；投资同一只基金。基金定投能不断摊薄资金成本，长期持有会带来超额利润，前提是需要选到优质基金。

思政案例1-1

“老鼠仓”与基金从业人员的职业道德

“老鼠仓”，是指在用公有资金拉升股价之前，先用个人资金在低位建仓，待用公有资金拉到高位后，个人仓位率先卖出获利。

原博时精选基金经理马乐在2011年至2013年担任博时基金经理的2年多时间里，非法操作“金某”“严某进”“严某雯”3个股票账户，先于基金股票低价买入，待用基金资金将股价拉至高位后，又先于基金股票卖出，非法获利1 883万余元，利用基民资金为个人股票“抬轿”，被检察机关以利用未公开信息交易罪提起公诉。

2016年，全国最大“老鼠仓”案在广州刷新了纪录。据广州市人民检察院披露，作为目前全国最大的“老鼠仓”案件，陈志民涉及利用未公开信息，从事与该信息相关的证券交易活动，其买卖股票数量达87只，成交金额达1 884 084 756.25元，非法获利金额达28 260 587.27元。该案由公安部证券犯罪侦查局侦查终结，由广东省人民检察院指定广州市人民检察院审查办理。2015年9月7日，广州市人民检察院向广州市中级人民法院提出公诉，同年11月10日，该案在广州市中级人民法院开庭审理。

2016年6月8日，广州市人民检察院发布消息称，由该院依法提起公诉的易方达公司原投资总监及积极成长基金经理陈志民涉嫌利用未公开信息交易罪一案，广东省高级人民法院终审裁定驳回陈志民的上诉，维持原判，即二审法院维持了一审做出的判处有期徒刑4年、并处罚金人民币2 830万元、追缴被告人违法所得2 826.058727万元的判罚。

我国的《证券法》《证券投资基金法》对基金从业人员做出了各项严格的规定，例如：基金管理人、基金托管人管理、运用基金财产，基金服务机构从事基金服务活动，应当恪尽职守，履行诚实信用、谨慎勤勉的义务；基金从业人员应当具备基金从业资格，遵守法律、行政法规，恪守职业道德和行为规范等。

资料来源：根据百度百科相关资料整理。

思政意义及反思：

通过上述案例，引导学生认识到今后在基金行业相关岗位上，要严格遵守相关法律法规，具备证券从业人员的良好职业道德，牢记违法违规的严重后果，坚决拒绝诱惑，恪尽职守，诚信服务。

实践训练

[实训一]

一、实训项目

股价指数的计算方法。

二、实训目标

掌握股价指数的计算方法。

三、实训内容

现有A、B、C三只股票，其基期与报告期的股价与发行量见表1-1。已知基期股价指数为100点。

表1-1 股票A、B、C基期与报告期的股价与发行量

样本股数量（n=3）	股价（P）/元		发行量（W）/股	
	基期（P0）	报告期（P1）	基期（W0）	报告期（W1）
股票A	10	15	200	2 000
股票B	15	18	1 200	900
股票C	35	14	400	500

1. 查找资料，了解什么是基期和报告期。

2. 请用相对法、综合法与两种加权法计算报告期的股价指数。

3. 你认为哪种计算方法最为科学？为什么？

[实训二]

一、实训项目

了解我国大陆主要的股价指数。

二、实训目标

了解我国大陆主要的股价指数的分类与编制机构。

三、实训内容

现有5个股价指数：上证综指，深证综指，深证成指，上证50，沪深300。查找资料，列表写出它们的指数代码、指数名称、指数简称、指数基期、指数基点、加权方式（或以什么加权）、样本股范围或样本股特点。

回答下列问题：

1. 这些指数可以分为哪几类？（可从不同角度分类）

2. 我国大陆证券市场股价指数的编制机构主要有哪些？

[实训三]

一、实训项目

以我国国债为例，了解债券的不同形态。

二、实训目标

了解债券不同形态的特点。

三、实训内容

我国国债根据形态不同，可分为以下几类：

1. 实物国债：又称无记名国债，属于实物债券（如图1-3所示）。

图1-3 实物国债

2. 记账式附息、记账式贴现国债：属于记账式债券。

3. 凭证式国债：属于凭证式债券。

查阅资料，了解什么是储蓄国债（电子式）、凭证式国债、记账式附息国债与记账式贴现国债，思考以下问题，并填写在下表中。

1. 各类国债的发行对象是面向个人、机构投资者还是两者都有?
2. 各类国债的一般购买市场是证券交易所还是柜台市场?
3. 各类国债是否付息?如果付息,是半年付、一年付还是到期付?
4. 各类国债的收益是利息、差价收益还是其他类型的收益?

分类	发行对象	记录债权方式	是否流通	一般购买市场	是否/如何付息	收益	提前兑取条款
储蓄国债(电子式)							
凭证式国债							
记账式附息国债							无
记账式贴现国债							无

注意:债券按照形态仅分为实物债券、记账式债券与凭证式债券三类,其中实物债券早已停止发行,因此不做更多了解。目前储蓄国债(电子式)也是我国国债的重要类型,但"电子式"并不属于债券形态。

任务三 证券投资衍生工具

证券投资衍生工具(derivative security)是在货币、债券、股票等证券投资基本工具的基础上衍化和派生的、以杠杆和信用交易为特征的金融工具。

知识准备

一、远期

教学互动1-7

轮胎商甲制造并销售轮胎,每月1日都会向橡胶商乙购买橡胶。

但橡胶价格总在变化,给甲带来了诸多不便。有时候因为价格太高,甲的流动资金不足,不够买所需要的橡胶,严重影响了正常业务。

于是某天,甲和乙设立约定:无论下个月1日橡胶价格变成什么样,当天甲都以15 000元/吨的价格向乙购买100吨橡胶。

请谈谈你对以上案例的看法。

(一)远期合约的概念

远期合约是一种保值工具,是指交易双方现在约定在未来某一确定时间,按照现在约定的价格买卖约定数量的实物商品或金融资产的合约。远期合约在场外市场进行交易(非交易所内),交易双方均有风险。

其中,未来某一确定时间为交割日,现在约定好的价格为远期执行价格,双方约定到期交易的实物商品或金融资产为标的物,到期对标的物进行所有权转移的行为叫交割。例如,"教学互动1-7"的例子中,交割日为下个月1日,远期执行价格为

15 000元/吨，标的物为100吨橡胶。

远期合约也可表述为：交易双方在场外市场通过协商，按远期价格在交割日进行确定数量的某种资产的交割的合约。常见的远期合约有远期利率协议、远期外汇合约等。

（二）远期外汇合约

远期外汇合约是指交易双方现在约定在未来的某一时刻，按照现在约定的远期汇率买卖约定金额的外汇的合约。

例如：甲公司与美国一公司9月1日签订合同进口商品，约定12月1日支付货款100万美元。9月1日当天的即期汇率为1USD=6.7000CNY。

甲公司担心3个月后美元升值增加进口成本，9月1日做了一笔远期外汇交易，3个月远期汇率1USD=6.8000CNY，即在9月1日约定好，12月1日当天以1USD=6.8000CNY的汇率购买美元。12月1日当天即期汇率变为1USD=7.0000CNY。

若按当天汇率支付货款需要支付人民币：

7.0000×100=700（万元）

但甲公司以远期汇率购买外汇支付货款，需要支付人民币：

6.8000×100=680（万元）

节省成本：

700−680=20（万元）

二、期货

教学互动1-8

随着时间的推移，越来越多的轮胎商都来找橡胶商乙签订类似的合约。这些合约有各种不同的期限、橡胶价格和数量。后来有一段时间，橡胶的价格不断上涨，因为执行合约亏损了大笔资金，乙开始拒不履行合约。

由此体现出了远期合约的一系列问题：不规范、不标准；因为在场外交易，无法流通；违约风险无法被控制等。于是，交易中介——交易所介入了。

交易所将合约标准化，使合约能够在交易市场内流通。由于交易双方缴纳保证金的约束，大大降低了违约风险。持有的合约不想要了，也可以在市场内通过公开竞价的方式进行交易。于是，期货出现了。

你觉得交易所在这类交易中能够起到什么作用？

（一）期货合约的概念

期货的原理与远期相同，都是现在约定将来某一确定时间按现在约定的价格交割约定数量的标的物。

微课1-6

期货与做空原理

1.期货合约与期货交易的区别

期货合约是指由期货交易所统一制定的、规定在将来某一确定的时间和地点交割一定数量和质量标的物的标准化合约。

期货交易是指双方在交易所市场，以公开竞价方式，支付一定保证金，进行标准化期货合约的交易。

2.期货交易与现货交易的区分

期货交易是一种未来交易，现在只签订合约，规定好所买卖资产的种类、数量，什么时候（交割日）、在哪里（交割地点）进行资产与货币的交换，到时候以怎样的价格进行。现在签订合约时，并不交付资产或付款。到了规定的交割日时，才进行资产与价款的交换。

现货交易一般是“一手交钱，一手交货”，合约当天成立，商品或金融工具当天交割（一般于三日内交割完毕），目的是获得商品或金融工具（合约标的物）。现货交易采用实时价格。

3.期货交易与交割的区别

交割是指合约到期后，合约中载明的实物商品或金融资产（合约标的物）的所有权转移。

期货交易是指合约到期前，合约本身在期货交易所的流通、转让。

期货交易的对象是标准化的合约，而不是标的物（实物商品、金融资产等）。到期后绝大多数合约都不进行标的物交割（尤其是实物交割），而是提前对冲，平仓了结。

4.做多与做空的区别

做多是指预期未来价格上涨，现在买入期货合约。

做空是指预期未来价格下跌，现在卖出期货合约。

5.开仓与平仓的区别

开仓，又称建仓，是指新买入或新卖出一定数量的期货合约。做多开仓（多开）指买入合约，做空开仓（空开）指卖出合约。

平仓是指将已买入的期货合约卖出，或将已卖出的期货合约买回，即通过一笔数量相等、方向相反的期货交易来冲销原有的期货合约，以此了结期货交易。做多平仓（多平）指卖出合约平仓，做空平仓（空平）指买入合约平仓。

6.期货做空的原理

假设某期货合约现价3 000元，你预期一个月后价格会下跌。于是你在交易所做空该期货（相当于向交易所“借入”该期货合约并卖出），获得3 000元。

一个月后合约价格确实下跌至2 800元，于是你再以2 800元的价格买入该合约（相当于买入后“还给”交易所）。结果获利200元，手中也并没有持有多余的期货合约或者“欠”别人合约，即已平仓。由于期货与期权市场有做空机制，因此可以直接卖出期货或期权合约，即使你手中并没有这份合约。

做空既可以买入合约，也可以直接卖出合约，是衍生工具市场的双向交易机制。

课堂训练1-11

期货的多空与开平

1.建立多头持仓应该下达（　　）指令，空头建仓应下达（　　）指令。

A.买入开仓　　B.买入平仓　　C.卖出开仓　　D.卖出平仓

2.某投资者持有2手IF1209合约多头持仓，可通过（　　）了结该持仓。

A.买入开仓2手　B.买入平仓2手　C.卖出开仓2手　D.卖出平仓2手

3.某投资者持有5手IF1909空头持仓，若要平仓，应该如何操作？

（二）期货合约的内容

1.期货代码

为了区分不同的期货合约，用数字、字母进行标示。图1-4中的期货FG2112，前两位字母FG代表这只期货是在郑商所上市的玻璃期货，2112代表到期月份为2021年12月。

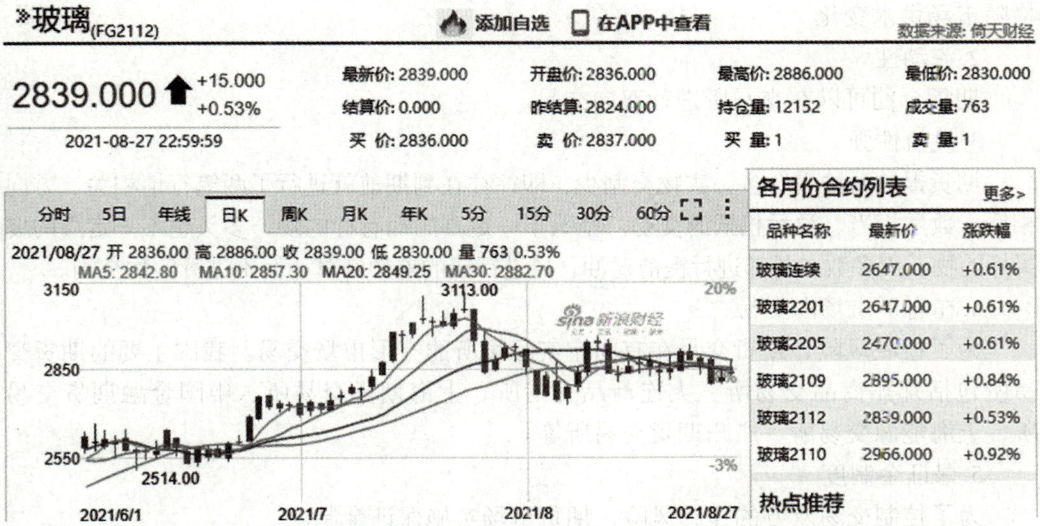

基本资料

交易品种	玻璃	交易单位	20吨/手	报价单位	元（人民币/吨）
最小变动价位	1元/吨	涨跌停板幅度	上一交易日结算价的±4%	合约交割月份	1—12月
交易时间	每周一至周五9：00—10：15，10：30—11：30，13：30—15：00 连续交易时间：21：00—23：30	最后交易日	合约交割月份的第10个交易日	最后交割日	合约交割月份的第12个交易日
交割品级	郑州商品交易所玻璃交割质量标准	最低交易保证金	合约价值的7%	交易手续费	3.00元/手，平今仓6.00元/手
交割方式	实物交割	交易代码	FG	上市交易所	郑州商品交易所

图1-4　某玻璃期货合约

2.交易品种

交易品种是指标的物与交割品级，代表合约到期后如果要进行玻璃的交割，必须以交易所规定质量标准的玻璃进行。

3.报价、报价单位与交易单位

图1-4中合约报价2 839元人民币/吨，交易单位为20吨/手，手是一次交易的最低限额与基本单位。也就是说，如果进行一次基本单位的期货交易，该期货合约的价值为56 780元（2 839×20）。

此外，期货合约的内容还包括涨跌停板幅度、最后交易日与最后交割日、最低交易保证金、交易手续费等。

（三）期货的特点

1.标准化

期货是由交易所设计期货合约，对标的物品种、期限、数量等预先规定，只有价格随市场供求变化。

2.流动性

期货合约可以在交易所进行双向交易。

3.投机性强

期货提前对冲平仓多，实物交割少，即往往在到期前就进行了两笔行情相关、方向相反、数量相当、盈亏相抵的交易。空头不一定真的拥有标的物，多头也不一定真的要买标的物。大多数交易都进行提前对冲，只进行钱的差额结算，而不进行实物交割。

4.在有形市场内交易

为了控制风险，期货交易在有固定实际场所的有形市场交易。我国主要的期货交易所包括郑州商品交易所、大连商品交易所、上海期货交易所、中国金融期货交易所、上海能源交易所、广州期货交易所等。

5.保证金制度

为了控制交易双方的违约风险，期货市场实施保证金制度。

（四）我国的期货交易所

1.郑州商品交易所（ZCE）

郑州商品交易所成立于1990年10月12日，是我国第一家期货交易所，也是我国中西部地区唯一一家期货交易所，交易的品种有优质强筋小麦、普通小麦、精对苯二甲酸（PTA）、棉花、白糖、菜籽油、早籼稻、晚籼稻、玻璃、油菜籽、菜籽粕、甲醇等23个期货品种以及8个期权品种，上市合约数量在我国期货交易所中居首位。

2.上海期货交易所（SHFE）

上海期货交易所成立于1990年11月26日，目前上市交易的有黄金、白银、铜、铝、锌、铅、螺纹钢、线材、燃料油、天然橡胶、石油沥青等20个期货品种，以及8个期权品种。

3.大连商品交易所（DCE）

大连商品交易所成立于1993年2月28日，是我国东北地区唯一一家期货交易所，上市交易的有玉米、黄大豆1号、黄大豆2号、豆粕、豆油、棕榈油、聚丙烯、聚氯乙烯、焦炭、焦煤、铁矿石、胶合板、纤维板、鸡蛋等21个期货品种以及11个期权品种。

4.中国金融期货交易所（CFFEX）

中国金融期货交易所于2006年9月8日在上海成立，是中国第四家期货交易所，交易品种有股指期货、国债期货以及股指期权。

5. 上海能源交易所

上海国际能源交易中心股份有限公司（以下简称上期能源）是经中国证监会批准，由上海期货交易所发起设立的、面向期货市场参与者的国际交易场所，根据《公司法》《期货交易管理条例》和中国证监会发布的规定等有关法律规定履行期货市场自律管理职能。2013年11月6日，上期能源注册于中国（上海）自由贸易试验区，经营范围包括组织安排原油、天然气、石化产品等能源类衍生品上市交易、结算和交割，制定业务管理规则，实施自律管理，发布市场信息，提供技术、场所和设施服务。

6. 广州期货交易所

广州期货交易所成立于2021年1月22日，主要立足服务实体经济、服务绿色发展，秉持创新型、市场化、国际化的发展定位，对完善我国资本市场体系，助力粤港澳大湾区和国家“一带一路”建设，服务经济高质量发展具有重要意义。

（五）期货的种类

1. 商品期货

商品期货是指标的物为实物商品的期货，包括农产品期货（如玉米）、金属期货（包括基础金属与贵金属）、能源期货（如原油）等。

2. 金融期货

金融期货是指标的物为金融工具或金融变量的期货，包括外汇期货、股权期货（包括股指期货、单只股票期货、股票组合期货）、利率期货（如债券期货、参考利率期货）等。

我国期货市场中正在流通的期货除了各种各样的商品期货外，还有股指期货、国债期货等金融期货。

例如，股指期货是指以股票价格指数为标的物的期货品种，双方交易的是一定时间后的股票价格指数水平，通过现金结算差价进行交割。

目前我国有三种股指期货合约：沪深300股指期货（IF）、中证500股指期货（IC）、上证50股指期货（IH）。上证50股指期货合约如图1-5所示。每种股指期货根据交割时间不同各有4个合约，分别为当月、下月、当季与下季。

（六）期货交易制度

期货作为在交易所市场上广泛交易的衍生工具，为了保障交易双方的合法权益、维护市场公平秩序，证券监管机构针对期货交易的特点制定了许多交易制度。

1. 持仓限额制度

持仓限额制度是指期货交易所为了防范操纵市场价格的行为和防止期货市场风险过度集中于少数投资者，对投资者持有的期货合约数量上限进行限制的制度。超过限额，交易所可按规定强行平仓或提高保证金比例。

2. 大户报告制度

大户报告制度指当投资者持有某品种期货合约占该品种合约总数的比例超过规定时，投资者应向交易所报告其资金情况、持有合约情况等。大户报告制度是与持仓限额制度紧密相关的又一个防范大户操纵市场价格、控制市场风险的制度。

交易品种	上证50股指期货	合约乘数	每点300元	最小变动单位	0.2点
交易时间	上午9:30-11:30，下午1:00-3:00	合约月份说明	当月、下月及随后两个季月	最后交易日说明	合约到期月份的第三个周五，遇国家法定假日顺延
交易保证金	合约价值的8%	交割方式	现金交割	交易代码	IH

图1-5　上证50股指期货合约

3.实物交割制度

实物交割制度是指交易所制定的，当期货合约到期时，交易双方须将期货合约所载实体商品或金融资产的所有权按规定进行转移，了结合约的制度。在我国期货市场中，指数期货由于双方交易的是一定时间后的证券价格指数水平，因此到期通过结算差价进行现金交割。除此以外，其他品种期货都需要进行实物交割。

4.保证金制度

在期货交易中，无论做多还是做空，任何交易者都必须按照其所买卖期货合约价值的一定比例（通常为5%～10%）缴纳资金，作为其履行期货合约的财力担保，然后才能参与期货合约的买卖，并视价格变动情况确定是否追加资金。这种制度就是保证金制度，所交的资金就是保证金。保证金制度既体现了期货交易特有的“杠杆效应”，同时也成为交易所控制期货交易风险的一种重要手段。

5.每日结算制度

期货交易的结算是由交易所统一组织进行的。期货交易所实行每日无负债结算制度，又称逐日盯市制度，是指每日交易结束后，交易所按当日各合约的结算价结算所有合约的盈亏、保证金及手续费、税金等费用，对应收、应付的款项完成划转，相应增加或减少交易者保证金账户里的资金。结算价指当天交易结束后，由期货交易所公布，根据当日期货成交价格与成交量计算出的加权平均价格，是当日的参考基准价格。期货交易的结算实行分级结算，即交易所对其会员进行结算，期货经纪公司对其客户进行结算。

6.强行平仓制度

强行平仓制度，指当会员或客户发生以下情况时，交易所为了防止风险进一步扩大，进行强行平仓的制度：

（1）交易保证金不足并未在规定的时间内补足；

（2）持仓量超出规定的限额；

（3）违规。

知识链接1-1

保证金、逐日盯市制度与强行平仓制度

豆一期货合约现价为3 000元/吨。某期货交易者预期未来价格上涨，买入20手该期货合约（每手10吨）。根据期货交易所规定，初始保证金比例为合约价值的5%，维持保证金比例为合约价值的3%。

他的20手合约价值为：3 000×10×20 = 60（万元）

初始保证金为：60×5%=3（万元）

维持保证金为：60×3%=1.8（万元）

也就是说，他的保证金账户里至少要有3万元才可以进行这笔交易。

假设这位投资者只往保证金账户中存入了3万元。下面我们分涨跌两种情况，看看他的盈亏情况。

若某日该合约报价涨至3 200元，他选择全部平仓：

每手合约可盈利：（3 200−3 000）×10=2 000（元）

20手合约共盈利：2 000×20=4（万元）

在保证金比例为5%的条件下，他的收益率为：4÷3×100%=133%

如果没有保证金制度，他在交易时必须全额购买20手合约，即投入的资金为60万元。他的收益率为6.67%（4÷60），是有保证金制度条件下的$\frac{1}{20}$。

如果他判断失误呢？比如某日合约报价跌至2 900元/吨，他的20手合约会亏损：

（3 000−2 900）× 10 × 20 = 2（万元）

这笔亏损要从他的保证金账户中划出。

此时他的保证金账户中只剩1万元（3−2），低于维持保证金限额1.8万元。他必须往账户中追加保证金至初始水平，否则交易所会将他的合约强行平仓，了结交易。

可以计算出他的亏损率为66.67%，如果没有保证金制度，他的亏损率仅为3.33%，仅为在保证金制度条件下的$\frac{1}{20}$。

这就是保证金制度带来的杠杆效应。收益成倍放大的同时，亏损也会成倍放大。杠杆效应是证券投资衍生工具具有高风险的重要因素之一。

资料来源：根据相关资料编写。

课堂训练1-12

使用东方财富期货APP查询资料，完成以下练习。

1.某投资者要卖出10手棉花期货合约（代码以CF开头），合约报价21 000元/吨，以最低交易保证金比例计算，需要缴纳保证金（　　）元。

2.某投资者保证金账户原有资金5万元，买入20手甲醇期货合约（代码以MA开头），合约报价4 000元/吨，以最低交易保证金比例计算。某日价格跌至3 800元/吨并且平仓，则该投资者保证金账户现有资金（　　）元。

7.涨跌停板制度

涨跌停板制度又称每日价格最大波动限制，是指期货合约在一个交易日中的交易价格波动不得高于或低于规定的涨跌幅度，超过该涨跌幅度的报价将被视为无效，不能成交。

8.信息披露制度

信息披露制度又称公示制度、公开披露制度。为保障投资者利益、接受社会公众的监督，期货交易所须按照相关规定公布期货交易的各类相关信息，除了向监管部门报告外，还要向社会公开，以便投资者充分了解情况，如所有上市品种的期货交易行情、各种期货交易数据统计资料、交易所发布的各种公告信息等。

9.风险准备金制度

风险准备金制度是指为了维护期货市场正常运转，提供财务担保和弥补因不可预见风险带来亏损而提取的专项资金的制度。

（七）期货的功能

1.价格发现

由于期货交易是公开进行的对远期交割商品的一种合约交易，在这个市场中集中了大量的市场供求信息，交易双方对各种信息有着不同的理解，从而通过公开竞价形式产生对远期价格的不同看法。期货交易过程实际上就是综合反映供求双方对未来某个时间供求关系变化和价格走势的预期。这种价格信息具有连续性、公开性和预期性的特点，有利于增加市场透明度，提高资源配置效率。

2.回避风险

期货交易的产生，为现货市场提供了一个回避价格风险的场所和手段，其主要原理是利用期货市场和现货市场进行套期保值交易。在实际的生产经营过程中，为避免商品价格的千变万化导致成本上升或利润下降，可利用期货交易进行套期保值，即在期货市场上买进或卖出与现货市场上数量相等但交易方向相反的期货合约，使期货市场和现货市场交易的损益相互抵补，锁定企业的生产成本或商品销售价格，保住既定利润，回避价格风险。

3.套期保值

套期保值是指把期货市场当作转移价格风险的场所，利用期货合约作为将来在现货市场上买卖商品的临时替代物，对其买进准备以后售出商品或对将来需要买进商品的价格进行保值的交易活动。

套期保值要求在现货市场和期货市场对同一种类的商品同时进行数量相等但方向相反的买卖活动，即在买进或卖出现货的同时，在期货市场上卖出或买进同等数量的期货，经过一段时间，当价格变动使现货买卖出现盈亏时，可由期货交易上的亏盈得到抵消或弥补，从而在“现”与“期”之间、近和远之间建立一种对冲机制，以使价格风险降到最低限度。

套期保值的理论基础为：现货和期货市场的走势趋同（在正常市场条件下），由于这两个市场受同一供求关系的影响，所以二者价格同涨同跌；但是由于在这两个市场上操作相反，所以盈亏相反，期货市场的盈利可以弥补现货市场的亏损。

套期保值分为多头和空头套期保值。多头套期保值是指未来需要买入商品或证券，预期未来价格上涨，当期买入期货。空头套期保值是指未来需要卖出商品或证券，预期未来价格下跌，当期卖出期货。

知识链接1-2

期货套期保值

商品期货空头套期保值案例：

A公司主营业务为燃油交易。由于燃油运输速度慢、周转周期长，A公司往往需要购进大量燃油作为存货，以备在将来随时售卖。

某年9月1日，燃油现货价格为2 700元/吨，燃油期货价格为2 500元/吨。A公司购进了100吨燃油。正好A公司与B公司签了合同，准备在11月1日向B公司销售100吨燃油。

A公司担心到期燃油价格下跌使自己造成损失，所以利用燃油期货进行套期保值，见表1-2。以下是A公司的套期保值过程：

现在（9月1日），A公司在现货市场上以2 700元/吨的价格购进100吨燃油，支出27万元。同时在期货市场上对同种商品进行一笔数量相同、买卖方向相反的期货交易，于同日以2 500元/吨的价格卖出100吨（即10手）燃油期货合约。

11月1日，燃油价格果真跌到了2 550元/吨，燃油期货价格也跌到了2 400元/吨。此时，A公司以2 550元/吨的价格向B公司销售燃油，同时在期货市场上买入10手燃油期货进行平仓。

我们来看一看A公司的盈亏：

如果不使用套期保值，A公司会在现货市场直接亏损1.5万元。

但由于使用了套期保值，A公司虽然在现货市场亏损1.5万元，但在期货市场收入1万元，净亏损5 000元。由此可见，证券投资衍生工具的套期保值功能虽然不能使交易者获得超额收益，但是可以弥补其在现货市场的亏损，降低交易风险。

表1-2 A公司空头套期保值

	现货市场	期货市场
现在（9月1日）	购进100吨燃油 2 700元/吨 支出27万元	卖出100吨（10手） 燃油期货合约 2 500元/吨
未来（11月1日）	卖出100吨燃油 2 550元/吨 收入25.5万元	买入100吨（10手） 燃油期货合约平仓 2 400元/吨

案例分析1-2

商品期货多头套期保值

3月1日，豆粕的现货价格为每吨3 200元。某饲料企业需要在8月1日买入200吨豆粕生产饲料。为了避免将来豆粕价格可能上升，从而提高原材料的成本，决定在大连商品交易所进行豆粕套期保值交易。此时豆粕8月份期货合约的价格为每吨3 100元。豆粕期货合约中的豆粕重量为10吨/手。

1.3月1日当天，该企业需要如何操作？

2.8月1日当天，该企业需要如何操作？

3.若8月1日当天豆粕现价为3 350元/吨，豆粕期货合约价格为3 200元/吨，则该企业相当于以多少元/吨的价格买入了豆粕？

思政案例1-2

中国银行“原油宝”事件解读

首先，要理解原油宝的底层是期货类型的产品，银行不经营期货。

就好比在银行可以买到基金、买到保险、买到黄金，但银行不经营基金、保险和黄金，做经营的是对应的基金公司、保险公司和黄金公司。既然不经营期货，那么银行不承担期货的风险。投资者无论在期货上是赚还是赔，银行都不参与，银行只是收取手续费，有时也叫点差等。专业的说法是，风险敞口为零。原油期货再怎么涨、怎么跌，银行不会赔钱。

那么该如何理解中国银行的角色？为什么有人说用人民币的就是在和中国银行做交易？

简单来说，就是中国银行是一个做市商的角色。

什么是做市商？从功能上讲，就是双向报价。

下面举个例子说明什么是双向报价。比如当前原油期货是20美元，银行可以向投资者报价：投资者买入价格20.1美元，卖出价格19.9美元；中间的0.2美元的点差可以认为是手续费或者一些风险补偿。如果不赚这个点差，就双向都报20美元。

大行客户较多，原理上买卖（多空）可以相互抵扣一部分。剩余的单子，比如多单大于空单，对于期货的市场风险，银行不承担，只能将无法相互抵扣的多单去美国原油期货市场对冲，即去期货市场上去下多单，而且基本上要实时匹配。从操作层面，也可能多单、空单相互不抵扣，直接都去海外市场对冲。

另外，在市场波动较大的情况下，也可能会调高点差。

无论是美元交易，还是人民币交易，说到底是在和市场价格做交易。市场价格是银行参考美国原油期货市场的报价来做的。

银行并不是代理商的角色，不是投资者的美元直接就进入美国期货市场了。这个交易与币种无关，只与挂钩的价格有关。

“投资者赔的钱让银行赚了”的说法是没有道理的，做市商只是赚个手续费。有风险，才有收益。银行不承担风险，所以没有赚到这个收益。

接下来说说移仓。为什么要以-37.63美元的价格来结算？

简单来讲，应该是要移仓的时候缺乏对手盘，就是“平不掉了”，东西没人买。这个平仓的量，很可能的情况是：说大不大，说小不小；大资本没看上，小资本接不了。结果就是，不停降价，直到吸引到能够看得上的投资者。

导致投资者巨额亏损的另一个原因是芝加哥商品交易所（CME）修改了交易规则，允许期货价格为负。这个交易规则的修改改变了金融产品的性质，原本做空可能存在无限风险的产品变成了无论做空或做多都可能存在无限风险，因为原本商品价格下限是零，价格上限可以无限大；修改之后变成了商品价格下限可以无限小，上限可以无限大。

第一，盲目抄底原油是一种不理性的行为。由于原油价格下跌，不少投资者几周前就开始抄底，然而期货每个月都需要交割，短期涨跌脱离基本面，这次5月合约正是在交割前崩盘跌至负值，对市场抄底起到警醒作用。

第二，由于历史上第一次出现负油价，目前交易者对境外市场的交易结构、规则、结算等理解还是不够。不少交易系统和软件甚至都不支持负价格，蕴含着巨大的交易风险。

第三，虽然不少投资者抄底，但是部分产业客户还是坚定地看空，再次反映了金融和实体的偏差。

资料来源：佚名．中行原油宝究竟谁的说法是对的：论投资者的对手盘与责任归属［EB/OL］．［2020-04-27］．https://www.163.com/dy/article/FB7S31E70541GIGU.html．有修改。

思政意义及反思：

通过以上案例，引导学生树立及时止损、控制风险、理性投资的科学投资意识。

三、期权

微课1-7

期权是什么

2015年2月9日，上证50ETF期权于上海证券交易所上市，是我国首只在交易所上市流通的期权品种。期权作为证券投资衍生工具中出现时间相对较晚、交易机制更加新颖的品种，它与远期和期货有较大的区别。

让我们先来看一个例子：

股票A现价为100元/股，张先生作为资深投资者，认为一个月后股票A股价会大涨。

因此张先生买入了这只股票的看涨期权。它规定，张先生作为期权买方拥有一种选择权，可以选择一个月后是否以105元的价格买下这只股票。条件是，无论张先生是否行使这种选择权（即行权），现在张先生都必须支付3元的权利金。而无论张先生到时候是否行权，期权卖方都必须无条件配合。

那么，一个月后会发生什么？

第一种情况：张先生判断正确，这只股票价格涨到120元。

这时，张先生会选择行权。行权的理由是：张先生可以以105元的价格买下这只股票，并以120元的市价卖出。扣除之前交过的3元权利金，张先生的净收益还有12元。如果张先生不行权，则会亏损3元的权利金。

第二种情况：张先生判断失误，这只股票价格跌到90元。

这时，张先生不会选择行权。如果行权，张先生就必须以105元的价格买入股票，再以市价90元卖出，不仅会亏掉之前交过的3元权利金，还会因为高买低卖股票再亏掉额外的15元。如果张先生不行权，仅仅会亏掉3元的权利金。

这就是期权中的一种类型——看涨期权的交易原理。

教学互动1-9

看跌期权的交易原理

某焦炭期货合约现价为2 000元，小李觉得未来3个月后其价格会大跌。于是小李买入该期货合约的看跌期权。小李支付给期权卖方100元的期权费，可以选择3个月合约到期时向卖方以1 950元的价格卖出该期货合约。

3个月后可能会发生什么？

（一）期权的概念

期权（option）是一种选择权，是指能在规定的期限内以双方约定的价格买入或卖出一定数量的某种商品或金融资产（即标的物）的选择的权利。期权买方（持有者）付出期权费，可以在该项期权规定的时间内选择买或不买、卖或不卖，他可以实施该权利，也可以放弃该权利，不负有必须买入或卖出的义务。

而期权的卖方由于收取了期权费，只有义务，没有选择的权利。当买方要求卖方履约时，必须配合买方买入或卖出。

（二）期权合约的内容

1.合约标的物

合约标的物是指期权买方有权选择购买或出售的特定资产。按标的物类型的不同，期权可以划分为很多类型，如股票期权、股指期权、利率期权、商品期权、期货期权、外汇期权等。例如，在大连商品交易所上市的玉米期权，其标的物是玉米期货合约，属于期货期权。

2.合约规模

合约规模是指明确规定每一手合约的持有人有权买入或卖出标的资产数量。例如，上证50期权的合约单位是10 000，即一手期权合约的持有人有权买入或卖出10 000份上证50ETF基金。

3.期权价格

期权价格又称权利金或期权费，是期权买方为了获得期权合约所赋予的权利而必须支付给卖方的费用，是期权合约的价格。

4.行权价格

行权价格是指期权的买方有权按此价买入或卖出一定数量的金融资产的价格，相应地也是卖方在履行合约时卖出或买入一定数量金融资产的价格。

5.合约到期日

合约到期日是指期权合约必须履行的时间，是期权合约的终点。期权的行使时限为1、3、6、9个月不等。

（三）期权与期货的区别

1.标的物

期权标的物比期货更广泛。期货可以做期权的标的物即期货期权，但没有期权期货。

2.交易双方权利与义务的对等性

期权交易双方是不对等的，买方交纳权利金，只有权利没有义务，卖方收到权利金，只有义务没有权利；而期货交易双方权利与义务对等。

3.盈亏特点

期权买方的潜在亏损有限，仅限于期权费，而收益可能是无限的；期权卖方的收益有限，仅限于期权费，而潜在亏损是无限的。期货交易双方的潜在收益与亏损都是无限的。

4.履约保证

由于卖方负有必须履行的义务，因此在期权交易中，只有卖方需要交纳保证金，而期货交易双方均须开立保证金账户并交纳保证金。

5.现金流转

期权交易的现金流转除了成交时买方交纳期权费、卖方交纳保证金外，只有到期履约时才会发生现金流转。而期货交易双方成交时没有现金流转，由于逐日盯市制度，双方每个交易日均有现金流转。

6.套期保值

期权：价格不利变动时避免损失，有利变动时保护利益。

期货：避免价格不利变动时的损失，同时又必须放弃有利变动时的利益。

（四）期权的分类

1.按期权买方的权利分类

（1）看涨期权（认购期权）：买方支付期权费后，获得在规定时间以执行价格从卖方手中买入一定数量标的物的权利。预期标的物价格上涨可买入看涨期权。看涨期权买方收益曲线如图1-6所示。

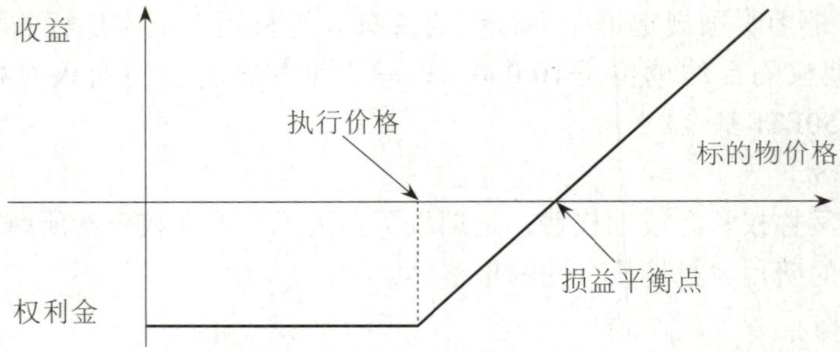

图1-6 看涨期权买方收益曲线

（2）看跌期权（认沽期权）：买方支付期权费后，获得在规定时间以执行价格向卖方卖出一定数量标的物的权利。预期标的物价格下跌可买入看跌期权。看跌期权买方收益曲线如图1-7所示。

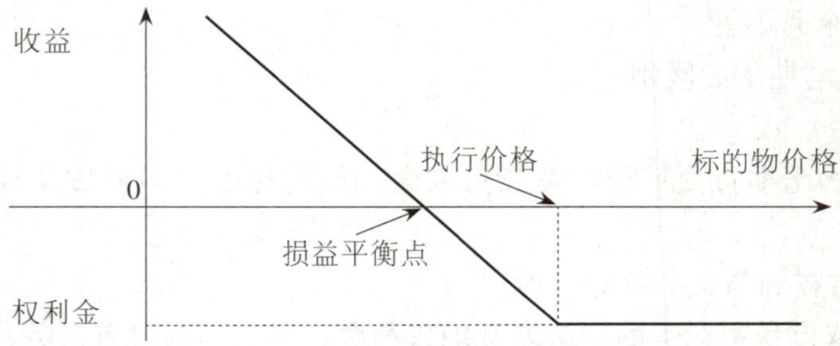

图1-7 看跌期权买方收益曲线

教学互动1-10

期权卖方的收益曲线

查找资料，以标的物价格为横轴、卖方收益为纵轴，分别画出看涨期权与看跌期权的卖方收益曲线。期权买卖双方的收益之间有怎样的关系？

2.按履约时间分类

（1）欧式期权：期权的买方在合约到期日当天行使权利，既不能提前也不能推迟。目前我国的期权都是欧式期权。

（2）美式期权：期权的买方可以在期权到期日当天或之前任何一个营业日行使权利。

（3）修正的美式期权：又称百慕大期权，一种可以在到期日之前的一系列规定日期行使权利的期权。

3.按合约上的标的分类

按期权合约上的标的划分，期权可分为有股票期权、股指期权、利率期权、商品期权以及外汇期权等。

（五）期权T型报价图

期权T型报价图如图1-8所示，左半部分是认购期权，右半部分是认沽期权。

认购期权（90000758　沪深300ETF购10月4700）							2021年10月	认沽期权（90000767　沪深300ETF沽10月4700）					
最新	涨幅%	昨结算	结算	内在价值	时间价值	剩余	行权	最新	涨幅%	昨结算	结算	内在价值	时间价值
0.2818	-25.11	0.3763	0.2979	0.2750	0.0068	62日	4.600	0.0599	90.16	0.0315	0.0599	0.0000	0.0599
0.2111	-24.31	0.2789	0.2111	0.1750	0.0361	62日	4.700	0.0904	57.77	0.0573	0.0903	0.0000	0.0904
0.1543	-20.63	0.1944	0.1543	0.0750	0.0793	62日	4.800	0.1331	39.81	0.0952	0.1328	0.0000	0.1331
0.1070	-18.88	0.1319	0.1070	0.0000	0.1070	62日	4.900	0.1865	28.09	0.1456	0.1863	0.0250	0.1615
0.0724	-19.38	0.0898	0.0724	0.0000	0.0724	62日	5.000	0.2507	20.88	0.2074	0.2507	0.1250	0.1257
0.0239	-35.92	0.0373	0.0239	0.0000	0.0239	62日	5.250	0.4563	14.08	0.4000	0.4524	0.3750	0.0813
0.0074	-57.71	0.0175	0.0074	0.0000	0.0074	62日	5.500	0.6554	4.70	0.6260	0.6835	0.6250	0.9304
0.0026	-71.11	0.0090	0.0026	0.0000	0.0026	62日	5.750	0.8991	3.44	0.8692	0.9283	0.8750	0.0241
0.0010	-79.59	0.0049	0.0010	0.0000	0.0010	62日	6.000	1.1480	2.27	1.1225	1.1755	1.1250	0.0230

图1-8　期权T型报价图

“一横”是到期月份，图1-8中期权的到期月份都是2021年10月。最中间的“一竖”是行权价格，被两侧的期权共用，一横一竖，因此叫作T型报价图。

图1-8中选中的两只期权分别为沪深300ETF购10月4700与沪深300ETF沽10月4700。期权名称中的“沪深300ETF”是指该期权合约的标的物是沪深300ETF基金，“购”或“沽”是指该期权是认购期权还是认沽期权，10月表示到期时间为2021年10月，4700代表行权价格。

图1-8中该认购期权的权利金最新价格为0.2111，认沽期权的权利金最新价格为0.0904。由于沪深300ETF期权的合约单位为10 000（即一手合约的标的物为10 000份沪深300ETF基金），因此买入一手该认购期权的权利金的价格为2 111元（0.2111×10 000），买入一手该认沽期权的权利金的价格为904元（0.0904×10 000）。

特别说明：在现实情况中，由于期权标的物会分红，合约单位可能因此不再是10 000份的整数倍，在此为了简化计算，以原合约单位10 000进行计算。

（六）期权的价值

1.内在价值（履约价值）

内在价值是指购买者若立即行权所能获得的收益。根据期权的内在价值，期权可分为实值期权、虚值期权和两平期权。

（1）实值期权。

当看涨期权的执行价格低于当时的实际价格时，或者当看跌期权的执行价格高于当时的实际价格时，该期权为实值期权。

（2）虚值期权。

当看涨期权的执行价格高于当时的实际价格时，或者当看跌期权的执行价格低于当时的实际价格时，该期权为虚值期权。当期权为虚值期权时，内在价值小于零。

（3）两平期权。

当看涨期权的执行价格等于当时的实际价格时，或者当看跌期权的执行价格等于当时的实际价格时，该期权为两平期权。当期权为两平期权时，内在价值为零。

2.时间价值（外在价值）

时间价值等于期权价格减去内在价值。

下面利用上证50ETF基金与行权价格2 850的两只期权举例，了解认购期权与认沽期权时间价值的计算。

（1）认购期权的时间价值计算。

某认购期权的价值如图1-9所示。

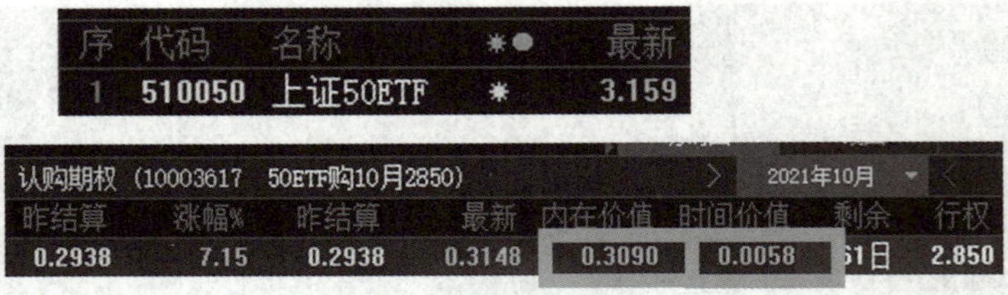

图1-9 某认购期权的价值

首先，标的物上证50ETF最新价格为3.159元/份。如果认购期权买方现在行权，也就是现在以行权价格2.850元/份买入基金，再以3.159元/份的市场价格卖出，每份基金可获收益0.3090元（3.159-2.850）。这就是期权的内在价值。该期权现在为实值期权。用期权最新价格0.3148减去内在价值0.3090，可计算出该认购期权的时间价值为0.0058元/份。

（2）认沽期权的时间价值计算。

某认沽期权的价值如图1-10所示。

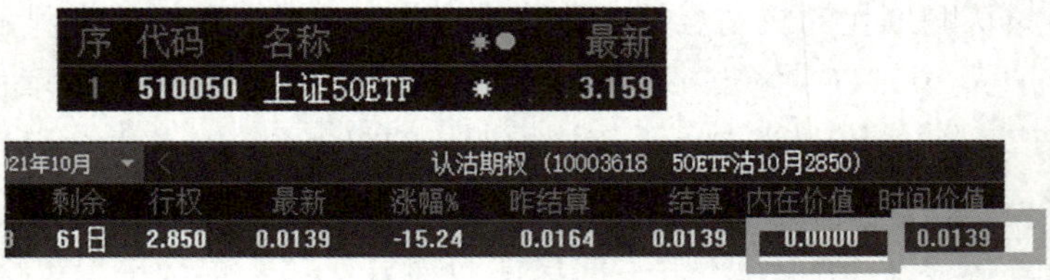

图1-10 某认沽期权的价值

标的物上证50ETF最新价格仍为3.159元/份。如果认沽期权买方现在行权，也就是现在以2.850元/份的价格卖出基金，再以3.159元/份的价格买入，此时是亏损的，即期权的内在价值小于0，证券行情软件会以内在价值为0标示，该期权现在为虚值期权。用期权价格0.0139减去内在价值0，可算出该认沽期权时间价值为0.0139元/份。

四、证券投资衍生工具总结

（一）证券投资衍生工具的概念

证券投资衍生工具是由基本工具演化而来的，是指建立在基础产品或基础变量之上，其价格随基础产品的价格（或数值）变动的衍生金融产品。这里所说的基础产品是一个相对的概念，不仅包括股票、债券、基金等基本工具，也包括期货合约等衍生工具，如期货期权。衍生工具基础变量包括利率、汇率、各类价格指数、通货膨胀率，以及飓风等自然现象、哪个党派执政等人类行为。回顾前面学过的远期、期货与期权，它们都是建立在标的物之上的，它们的价格变化会受到标的物价格变化的影响，并呈现一定的变化关系。

微课1-8

证券投资衍生工具的特点

（二）证券投资衍生工具的特点

因为衍生工具建立在基础产品或变量之上，它体现出完全不同于基本工具的特点。

1.跨期性

衍生工具是基于交易双方对基础产品价格或基础变量数值变动趋势的预测，约定在未来某段时间按照一定条件进行交易或选择是否交易的合约。无论是哪一种衍生工具，都会影响交易双方未来某段时间内或未来某个时点上的现金流，具有跨期交易的突出特点。

2. 杠杆性

衍生工具交易往往只需要支付少量保证金或权利金就可以进行大额合约的交易。例如，保证金率为合约金额的5%，则交易者可以控制所投入资金20倍的合约资金，达到以小搏大的效果。在收益可能成倍放大的同时，交易者所承担的风险与损失也会成倍放大。衍生工具的杠杆性在一定程度上决定了它的高投机性和高风险性。

3. 联动性

联动性是指衍生工具的价值与基础产品或基础变量紧密联系、规则变动。

4. 高风险性

衍生工具的交易后果取决于交易者对基础工具（变量）未来价格（数值）的预测和判断的准确程度。基础产品价格与变量的变幻莫测决定了衍生工具交易盈亏的极不稳定性，再加上杠杆性引发的放大效果，衍生工具的高风险性是基本工具无法比拟的。基础工具价格的不确定性仅仅是衍生工具高风险性的一个方面，衍生工具还伴随着以下几种风险：

（1）交易中对方违约，没有履行承诺造成损失的信用风险；

（2）因资产或指数价格不利变动可能带来损失的市场风险；

（3）因市场缺乏交易对手而导致投资者不能平仓或变现所带来的流动性风险；

（4）因交易对手无法按时付款或交割可能带来的结算风险；

（5）因交易或管理人员的人为错误或系统故障、控制失灵而造成的操作风险；

（6）因合约不符合所在国法律，无法履行或合约条款遗漏及模糊导致的法律风险。

（三）证券投资衍生工具的分类

1. 按照产品类型分类

按照产品类型分类，证券投资衍生工具可分为远期、期货、期权、互换四大类型。以上四种金融衍生工具也叫“建构模块工具”，它们相互结合可开发设计出更多更复杂的“结构化金融衍生工具”，或称“结构化产品”。

2. 按照证券投资衍生工具的基础产品性质分类

按照证券投资衍生工具的基础产品性质分类，证券投资衍生工具可分为股票类、利率类、汇率类和商品类等。

（四）证券投资衍生工具的功能

1. 价格发现功能。

2. 套期保值功能。

3. 投机套利功能。

实践训练

一、实训项目

认识证券投资衍生工具。

二、实训目标

认识证券投资衍生工具，了解如何从证券行情软件上查看其信息。

三、实训内容

1.下载、安装、注册并登录东方财富期货软件。

2.选择自己感兴趣的期货，填写下表。

期货代码	期货名称	合约标的	合约乘数	报价单位	最小变动价位	合约月份	交易时间	每日价格最大波动限制	最低交易保证金
最后交易日	交割日期	交易方式	上市交易所						

3.根据表中内容，如果要做多一手该期货，需要交纳的保证金为多少？

4.查看期权T型报价图，选择一只实值期权与一只虚值期权，填写下表。

期权代码	期权名称	合约标的物	标的物最新价	合约规模	昨日结算价	最新价	涨幅	行权价	内在价值	时间价值

项目小结

1.证券投资是指投资者用其积累起来的货币购买股票、债券等有价证券，以获得经济收益的经济行为。

2.证券投资基本工具包括股票、债券与证券投资基金，是发行人筹集资金、投资者获得收益的重要工具。

3.证券投资衍生工具是金融创新的产物，具有价格发现、套期保值、投机套利等重要功能。证券投资衍生工具主要包括期货、期权、远期与互换等。

项目训练

一、单选题

1.资本证券不包括（　　）。

A.银行汇票　　B.远期与期货　　C.可转换债券　　D.利率互换

2.世界上最早、最享盛誉和最有影响的股价指数是（　　）。

A.道琼斯股价指数　　B.金融时报指数

C.日经225股价指数　　D.恒生指数

3.有价证券是（　　）的一种形式。

A.真实资本　　B.虚拟资本　　C.货币资本　　D.商品资本

4.(　　)是股份公司发行的最基本的一种股票，其股东享有的权利和义务最广泛。

A.普通股　　B.优先股　　C.法人股　　D.公众股

5.资本证券主要包括（　　）。

A.股票、债券、基金与衍生工具　　B.股票、债券与金融期货

C.股票、基金与可转债　　D.股票、债券与金融期权

6.一般来说，期限较长的债券，(　　)。

A.流动性强，风险相对较小，利率高　　B.流动性强，风险相对较大，利率高

C.流动性差，风险相对较大，利率低　　D.流动性差，风险相对较大，利率高

7.B股是指（　　）。

A.境外上市外资股　　B.香港上市外资股

C.境内上市内资股　　D.境内上市外资股

8.当股票名称前出现（　　）时，表示当日是这只股票的除息日。

A.XD　　B.XR　　C.DR　　D.ST

9.证券投资基金的资金主要投向（　　）。

A.实物　　B.长期资产　　C.有价证券　　D.短期资产

10.某投资者持有10手IC1909合约空头持仓，可通过（　　）平仓。

A.买入建仓10手　　B.买入平仓10手　　C.卖出建仓10手　　D.卖出平仓10手

11.股指期货属于（　　）。

A.金融远期　　B.商品期货　　C.金融期货　　D.金融期权

12.豆粕期权属于（　　）。

A.金融远期　　B.商品期货　　C.商品期权　　D.金融期权

13.(　　)是指以股票价格指数作为标的物的金融期货合约。

A.金融远期　　B.金融期货　　C.股价指数期货　　D.金融期权

14.(　　)的持有者有权在某一确定时间以某一价格购买标的资产。

A.看涨期权　　B.看跌期权　　C.美式期权　　D.欧式期权

15.股票按股东享有权利的不同，可以分为（　　）。

A.普通股票和优先股票　　B.记名股票和不记名股票

C.有面额股票和无面额股票　　D.份额股票和比例股票

二、多选题

1.期货的功能包括（　　）。

A.套期保值　　B.实物资产增值　　C.价格发现　　D.保证收益

2.债券记录债权的方式包括（　　）。

A.实物　　B.债券收款凭证

C.证券交易所交易系统记账　　D.电子方式

3.与其他债券比较，国债的特点包括（　　）。

A.风险较小　　B.收益稳定　　C.流通性不好　　D.免税待遇

4.下面关于股票的描述，正确的有（　　）。

A.股票是一种有价证券

B.股票是股份有限公司发行的凭证

C.股票是证明投资者股东身份的凭证

D.股票发行人定期支付利息并到期偿付本金

5.金融衍生工具的特征包括（　　）。

A.高风险　B.跨期性　C.杠杆性　D.独立性

三、判断题

1.某股票股权登记日的收盘价为20.00元，10配5，配股价为6.50元/股，则理论上的次日除权除息价是15.50元。（　　）

2.认沽权证属于看跌权证。（　　）

3.债券具有永久性的特性。（　　）

4.股票可以溢价发行。（　　）

5.金融衍生工具的保证金交易制度是导致其具有高杠杆性的重要原因。（　　）

6.可转债投资者不能自行选择是否将所持有的可转债转换为相应公司的股票。（　　）

7.原油期货交易的交易对象是原油。（　　）

8.带有“ST”前缀的股票表示被特别处理，日涨跌幅限制为10%。（　　）

9.优先股股东享有优先获得定期发放的股息的权利。（　　）

10.在金融衍生工具交易中，实施逐日盯市制度的重要目标是控制风险。（　　）

四、综合实训

（一）使用东方财富在上海证券交易所与深圳证券交易所分别各找一只已经上市交易的股票、债券与基金，并填写下表。

股票代码	股票名称	发行价格	首日开盘价	发行市盈率	发行方式	上市日期	公司名称	经营范围	昨日收盘价
市场类别	债券代码	债券名称	起息日	到期日	债券类别	付息方式	票面利率	每张面值	昨日收盘价
市场类别	基金代码	基金名称	基金管理人	基金类别	发行日期	管理费率	最新份额规模	最新单位净值	昨日收盘价

（二）使用东方财富客户端，构建自选股组合。

（三）将本班学生分成若干金融活动小组，以小组为单位，选择一只感兴趣的有价证券，写一份简单的介绍并做展示。

项目二
证券发行与交易

学习目标

知识目标

了解证券发行市场的特点、结构及证券发行审核制度；掌握证券发行方式和承销方式；理解和掌握证券交易市场的交易规则和交易制度；熟悉证券交易程序。

能力目标

学会开设证券交易账户和独立委托下单。

思政目标

引导学生树立“合规、诚信、专业、稳健”的证券行业文化理念；严格遵守证券发行与交易相关的执业行为准则。

证券作为投资工具进入市场，按先后顺序要经历两个阶段：证券发行和证券交易。本项目重点讲解证券发行与证券交易知识。

任务一　证券发行

证券发行是伴随生产社会化和企业股份化而产生的，信用制度的建立和发展为证券发行的产生提供了可能性。证券发行是指证券发行人以筹集资金为目的，在证券发行市场依法向投资者以同一条件出售有价证券的行为。

知识准备

一、证券发行市场

证券发行市场，也称一级市场或初级市场，是资金需求者（也称发行人）以筹集资金为目的，依照一定的法律规定和发行程序，将证券出售给资金供应者（也称投资者）所形成的市场。证券发行市场是证券进入流通领域的开端，也是实现资本职能转化的场所。一方面，为资金需求者提供筹集资金的场所；另一方面，为资金供给者提供投资获利的机会。

（一）证券发行市场的特点

1. 直接性

证券发行是直接融资的实现方式，直接融资是没有金融中介机构介入的资金融通方式。证券发行市场的功能就是联结资金需求者和资金供给者，证券发行人通过销售证券向社会募集资金，而证券认购人通过购买证券提供资金。

教学互动2-1

直接融资与间接融资的区别是什么？

2. 无形性

实践中，证券发行市场没有固定的场所。新发行证券的认购和销售都是由众多证券承销商分散进行的，通常不存在具体的市场形式和固定场所。因此，证券发行市场是抽象的、观念上的市场，属于无形市场。

3. 不可逆转性

在证券发行市场中，证券只能从发行人流向认购人，资金只能从认购人流向发行人，而不能反着来，这是证券发行市场与证券流通市场的一个重要区别。

（二）证券发行市场的结构

证券发行市场的结构分为横向结构和纵向结构。横向结构是指发行市场的品种结构。纵向结构是指发行市场的要素结构。

1. 证券发行市场的横向结构

证券发行市场的横向结构是按照发行证券的品种来划分的，主要由股票发行市场、债券发行市场和基金发行市场构成。

（1）股票发行市场。股票发行市场是新股票初次发行的市场。股票是由股份有限公司发行的，目的是筹集公司股本金，或者在营运过程中扩充公司股本金。股票发行市场是将社会闲散资金转化成生产经营性资金的场所，而购买公开发行的股票是投资者在证券市场中最常见的投资方式。

（2）债券发行市场。债券发行市场是债券发行主体，包括中央政府、地方政府、金融机构、企业等在内的各种债券发行人初次出售新债券形成的市场。

（3）基金发行市场。基金发行市场是基金管理人通过发行基金份额募集资金的市场。开放式基金通常利用基金管理人及银行柜台发行基金证券。封闭式基金通常利用证券交易系统发行基金收益凭证。

2.证券发行市场的纵向结构

证券发行市场的纵向结构是指证券发行市场各类参与主体，包括交易主体、客体、中介和证券监管机构等。

（1）交易主体。交易主体包括证券发行人和投资人。证券发行人是指符合发行条件并且正在从事发行或者准备进行证券发行的政府组织、金融机构或者商业组织。它是构成证券发行的首要因素，是证券的供应者和资金的需求者。证券投资人是指根据发行人的招募邀约，已经认购证券或者将要认购证券的个人或社团组织，是资金的供应者和证券的需求者。证券投资人既可以是个人，也可以是金融机构、基金组织、企业或其他机构等。

（2）客体。客体是筹融资的载体，主要包括股票、债券、基金及其他证券化金融工具。

（3）中介。这里的中介主要是指促成证券发行人与投资人交易的证券承销商，通常为负担承销任务的投资银行、证券公司或信托投资公司。证券承销商在证券发行市场中发挥主导作用。在采用公募方式发行证券时，各国法律规定必须由证券专业机构承销，即使是采用私募方式发行证券，往往也需要获得中介机构的协助。证券发行首先是发行人与证券承销商之间进行某种交易，然后在这一标准化交易条件确定的基础上，由证券承销商将标准化的证券分售给社会投资者。

（4）证券监管机构。证券监管机构主要由政府监管机关和行业自律组织构成，运用法律的、经济的和必要的行政手段对证券的发行进行审核、监督和管理，以维护证券发行市场的正常秩序和保护证券发行的公开、公平、公正。

二、证券发行过程

（一）选择证券发行方式

证券发行可以根据具体情况选择不同的发行方式。

1.公募发行和私募发行

根据证券发行所面向对象的不同，可分为公募发行和私募发行。

（1）公募发行。公募发行又称公开发行，是指发行人向不特定的社会公众广泛地发售证券，即所有合法的社会投资者都可以参加认购。公募发行的优点是：以众多的投资者为发行对象，筹集资金潜力大，可避免证券被囤积或被少数人操纵，适用于证券发行数量较多、筹资额较大的发行人。公募发行也存在一些缺点，如发行程序比较复杂、登记核准所需时间较长、发行费用较高等。

（2）私募发行。私募发行又称不公开发行或内部发行，是指面向少数特定的投资者发行证券的方式。私募的对象分为两类：一是个人投资者，如公司老股东或发行机构的员工；二是机构投资者，如大型金融机构或与发行人有密切往来关系的企业等。相比公募发行，私募发行的优势在于发行手续简单、可以节省发行时间和费用，其不足之处是一般不允许上市流通，从而不利于提高发行人的社会信誉。

2.直接发行和间接发行

按发行主体的不同，证券发行可分为直接发行和间接发行。

（1）直接发行。直接发行是指证券发行人直接向投资者发售证券以筹措资金的行为，这里的投资者大多是与发行人有业务往来的机构。直接发行的特点有：发行量较小、筹资金额有限、社会影响面不大，不需要向社会公众公开有关资料。由于直接发行是证券发行人直接向投资者发售证券，因此可以节省中介手续费等费用，但如果发售不成功，证券发行人将承担发行证券的所有责任和风险。

（2）间接发行。间接发行又称委托代理发行，是指证券发行人委托给一家或几家证券承销机构承销证券的行为。证券承销机构一般为投资银行、证券公司、信托投资公司等。虽然间接发行要支付一定的发行费用，但是可以享受证券承销机构提供的专业化服务，有利于提高发行人的知名度、缩短筹资时间、降低整体发行风险。公募发行大多采用间接发行方式。

间接发行的具体方式可分为证券包销、证券代销和证券助销三种。

证券包销是指发行人与证券承销商签订购买合同，由承销商将所发行的证券全部买下，然后转售给社会公众投资者的发行方式。

证券代销是承销商只代理发行证券的一种发行方式。发售到约定期时，承销商要将收入的资金连同未销出去的证券全部交还给证券发行人。代理发行适用于那些信誉好、知名度高的大中型企业，因为它们的证券容易被社会公众所接受，且发行成本低。

证券助销是指证券承销商按照承销合同的规定，在约定的承销期满后购入剩余的证券，或者按剩余部分数额向发行人贷款，以保证发行人的筹资、用资计划顺利实现。对发行人来说，这种发行方式有诸多优点：发行人的筹资金额有保障，不会因发行额不足而发生筹集资金不足的情况；证券发行风险由承销商承担；社会影响大，有助于提高发行人的信誉。这种发行方式的唯一不足是发行手续费较高。

教学互动2-2

证券包销与证券助销有哪些区别？

3.初次发行和增资发行

按发行次数的不同，证券发行可分为初次发行和增资发行。

（1）初次发行。初次发行又称首次发行，是指当新组建股份公司或原非股份制公司改制为股份公司或原私人持股公司转为公众持股公司时，公司首次发行股票的行为。前两种情形又称设立发行，后一种情形又称首次公开发行（IPO）。

（2）增资发行。增资发行是指随着股份公司的发展壮大，为达到增加资本金的目的而发行股票的行为。增资发行按取得股票时是否缴纳资金可分为以下三种：

有偿增资发行，是指已经建立的股份公司在募集新股时，要求投资者以现金或实物形式购买股票的方式。它是常用的增资方式。

无偿增资发行，是指公司原股东不必缴纳资金就可以无偿获得新股的方式，其发行对象仅限于原股东。

有偿和无偿混合增资发行，是指公司面向原股东发行股票，同时按一定比例进行有偿和无偿增资的发行方式。

此外，根据发行价格和票面面额的关系，证券发行还可分为溢价发行、平价发行和折价发行三种。

（二）证券发行审核制度

证券发行审核制度是各国对证券发行实行监督管理的重要内容之一，是国家证券监督管理部门对发行人发行证券向社会公开募集资金的有关申报资料进行审查的制度。从世界范围来看，证券发行审核制度一般有注册制和核准制两种。

1.注册制

注册制是指证券发行人准备发行证券前，依法将与证券发行有关的一切信息和资料公开，制成法律文件，送交证券主管机构并申请注册，证券主管机构只对申报文件的全面性、真实性、准确性和及时性进行审查。至于证券发行人的营业性质、财力、资质及发展前景、证券发行数量与价格等实质条件均不作为发行的审核要件。

证券主管机关针对证券发行行为及证券本身作出价值判断，申请人在将申报文件提交后，在法定期限内，主管机关若无异议，申请即自动生效。在注册制下，发行人的发行权无须由国家授予。

注册制以美国证券市场为代表，美国证券交易委员会要求发行公司填报信息披露表格并进行登记，然后由委员会发布信息披露表格。

2021年9月，我国成立了北京证券交易所，将试点证券公开发行注册制，新增上市公司来源于在新三板挂牌满12个月的创新型公司。2021年10月30日，证监会发布《北京证券交易所向不特定合格投资者公开发行股票注册管理办法（试行）》（证监会令〔第187号〕），自2021年11月15日起施行。2023年2月17日，北京证券交易所正式发布并施行《北京证券交易所向不特定合格投资者公开发行并上市审核规则》《北京证券交易所上市公司证券发行上市审核规则》《北京证券交易所上市公司重大资产重组审核规则》3部业务规则。本次全面实行注册制业务规则发布实施，将试点阶段行之有效的制度安排定型化和常态化，突出以信息披露为核心，强化市场主体归位尽责的监管要求。

2.核准制

核准制又称特许制，是指发行人在发行新证券前，不仅要充分公开企业的有关真实情况，而且必须符合有关法律和证券监管机构规定的必要条件。证券监管机构对申报文件的全面性、准确性、真实性和及时性进行审查，还对发行人的营业性质、财务状况、经营能力、发展前景、发行数量和发行价格等条件进行实质性审查，并据此作出发行人是否符合发行条件的价值判断和是否核准申请的决定。

拓展阅读2-1

我国证券发行审核制度的演变

1.审批制阶段。在我国首部证券法制定之前，证券公开发行实行的是审批制。审批制是以行政为主导，通过额度管理或指标管理来实现的，即在宏观上制定当年的证券发行总规模（额度或指标），在确定的规模范围内推选符合条件的公司，进行发行申报审核。

2.核准制阶段。1998年12月29日，我国发布《中华人民共和国证券法》（以下简称《证券法》），首部《证券法》重申了证券公开发行的审批制，保留了公司债券发行的审批要求，同时明确了股票公开发行的核准制，具有向证券发行逐步市场化迈进的趋势。2005年修订后的《证券法》明确规定证券公开发行实行核准制。核准制一般是指发行人发行证券要符合证券发行的条件，证券主管机关有权依照法律法规对发行人提出的申请材料进行审核，发行人得到核准以后，才可以发行证券。核准制取消了指标和额度管理，并引入证券中介机构承担相应职责，其初衷是保证发行上市的证券和上市公司的质量，保护投资者的合法权益，是符合我国当时资本市场发展水平的，相较于“行政强制色彩”浓厚的审批制，已具有相当的进步性。

3.注册制阶段。2018年11月5日，习近平总书记出席首届中国国际进口博览会开幕式并发表主旨演讲，宣布在上海证券交易所设立科创板并试点注册制。2019年12月，新《证券法》对证券发行制度作出系统修订，按照全面推行注册制的基本定位，为全面推行注册制打开了制度之门。

资料来源：佚名. 新证券法宣传系列之十三：我国证券发行的制度演变［EB/OL］.［2021-02-18］. http://edu.tfzq.com/index/article/?id=19787.

（三）路演及“绿鞋”机制

路演及“绿鞋”机制是证券发行过程中非常重要的环节。

1.路演

路演是发行人为了与投资者沟通和交流而举行的发行推介会，是英语“road show”的直译。早期华尔街股票经纪人兜售手中的债券时，总要站在街头声嘶力竭地叫卖，“路演”一词由此而来。在证券市场的发展过程中，路演作为一种商业惯例延续了下来，其内容越来越丰富，成为证券发行不可缺少的环节。现在的路演是指融资者在发行证券之前，选择主要地点进行巡回推介，向潜在投资者展示证券的价值，以提高投资者的认知程度，并从中了解投资者的投资意向，发现投资需求和定位证券价值，确保证券得以成功发行的行为。

随着网络技术的发展，这种传统的路演也搬到了互联网上，出现了网上路演，即借助互联网的力量来推广证券。网上路演的优势在于利用网络功能，打破时空界限，使证券发行人和遍布全国乃至全世界的投资者之间进行更便捷、更开放的信息交流。通过实时、开放、交互、快速的网上交流，融资者能够更全面地展示企业的运作情况，及时、深入地了解投资者的需求；投资者则可以更清晰地观察和了解招股公司的市场定位，准确地评估其投资价值。

中国证监会规定从2001年3月1日起，公司上市发行新股前，必须通过互联网以直播方式向投资者推介公司。目前，网上路演主要通过全景网、中国路演网等专业网站进行。

微课2-1

“绿鞋”机制

2.“绿鞋”机制

“绿鞋”机制也称“绿鞋”期权，是“超额配售选择权”的俗称。因1963年美国一家名为波士顿绿鞋制造公司首次公开发行股票时率先使用而得名。

“绿鞋”机制是指发行人在与主承销商订立的承销协议中，给予主承销商一项期权，使其可以在股票上市之日起30天内，以发行价从发行人处额外购买不超过原发行数量15%的股票。通常在股票发行承销协议中，承销商会与发行人约定一个不超过30天的价格稳定期。在价格稳定期内，为稳定股价，承销商有义务在市场上买入其承销的股票。稳定股价的主要手段即行使超额发售权，其目的是为该股票的交易提供买方支撑，同时避免使主承销商面临过大的风险。

得到“绿鞋”期权之后，主承销商可以按原定发行量的115%向投资者销售股票。在股票上市之日起30日内，当股票价格上涨时，主承销商以发行价行使“绿鞋”期权，从发行人处购得超额15%的股票以冲掉自己超额发售的空头，并收取超额发售的费用，此时实际发行数量为原定的115%；当股价下跌时，主承销商不行使该期权，而是从二级市场上购回超额发行的股票以支撑股价并对冲空头，此时实际发行数量与原定数量相等。由于此时市价低于发行价，主承销商这样做也不会遭受损失。在实际操作中，超额发售的数量由发行人与主承销商协商确定，一般在5%~15%范围内，并且该期权可以部分行使。同时，主承销商在什么时间行使超额配售权也存在一定的变数。

国际市场几乎所有的新股发行都采用“绿鞋”机制。中国证监会自2014年3月21日起施行的《证券发行与承销管理办法》中第十四条规定：“首次公开发行股票数量在4亿股以上的，发行人及其主承销商可以在发行方案中采用超额配售选择权。”这其中的“超额配售选择权”就是俗称的“绿鞋”机制。

（四）公开发行证券的程序

以首次公开发行股票（IPO）为例。

1.发行审核

发行人报送证券发行申请文件，国务院证券监督管理机构或者国务院授权的部门依照法定条件负责证券发行申请的注册，且应当自受理证券发行申请文件之日起3个月内，依照法定条件和法定程序作出予以注册或者不予注册的决定。

2.推介

发行人及其主承销商应当在刊登首次公开发行股票招股意向书后向询价对象进行推介和询价，并通过网上直播的方式，向公众投资者进行公开推介。

3.询价与定价

首次公开发行股票，应当通过向特定机构投资者（简称询价对象）询价的方式确定股票发行价格。发行人及主承销商应当在刊登首次公开发行股票招股意向书和发行公告后向询价对象进行推介和询价，并通过互联网向公众投资者推介。询价分为初步询价和累计投标询价。发行人和主承销商通过初步询价确定发行价格区间，在发行价格区间内通过累计投标询价确定发行价格。

4.新股发售与承销

发行人向战略投资者、参与网下配售的询价对象以及参与网上发行的投资者配售，证券公司实施承销。

知识链接2-1

新股申购的程序

以上海证券交易所网上发行资金申购流程为例。

1.T日投资者申购；

2.T+1日资金冻结；

3.T+2日验资配号；

4.T+3日公布中签率；

5.T+4日公布中签号，未中签部分资金解冻；

6.T+4日后，主承销商依据承销协议，将新股认购款扣除承销费用后划转到发行人指定的银行账户。

缩短1个交易日的资金申购流程：T日投资者申购；T+1日资金冻结，验资配号；T+2日公布确定的发行价格和中签率，并按相关规定进行摇号抽签；T+3日公布中签结果，未中签部分资金解冻。

知识链接2-2

证券从业人员执业行为准则

1.证券从业人员不得从事以下活动：

（1）从事内幕交易或利用未公开信息交易活动，泄露利用工作便利获取的内幕信息或其他未公开信息，或明示、暗示他人从事内幕交易活动；

（2）利用资金优势、持股优势和信息优势，单独或者合谋串通，影响证券交易价格或交易量，误导和干扰市场；

（3）编造、传播虚假信息，作出虚假陈述或信息误导，扰乱证券市场；

（4）损害社会公共利益、所在机构或者他人的合法权益；

（5）从事与其履行职责有利益冲突的业务；

（6）接受利益相关方的贿赂或对其进行贿赂，如接受或赠送礼物、回扣补偿或报酬等，或从事可能导致与投资者或所在机构之间产生利益冲突的活动；

（7）买卖法律明文禁止买卖的证券；

（8）利用工作之便向任何机构和个人输送利益，损害客户和所在机构利益；

（9）违规向客户作出投资不受损失或保证最低收益的承诺；

（10）隐匿、伪造、篡改或者毁损交易记录；

（11）中国证监会、中国证券业协会禁止的其他行为。

2.禁止证券公司及其从业人员从事下列损害客户利益的行为：

（1）利用因职务便利获取的内幕信息以外的其他未公开的信息，违反规定从事与该信息相关的证券交易活动，或者明示、暗示他人从事相关交易活动；

（2）在证券交易活动中作出虚假陈述或者信息误导；

（3）未在规定时间内向客户提供交易的确认文件；

（4）未经客户的委托，擅自为客户买卖证券，或者假借客户的名义买卖证券；

（5）为牟取佣金收入，诱使客户进行不必要的证券买卖；

（6）其他违背客户真实意思表示，损害客户利益的行为；

（7）私下接受客户委托买卖证券。

思政案例2-1

执业行为准则典型案例

案例资料：200×年，A证券公司接受D公司委托开展IPO项目。A证券公司投资银行任命项目组主要成员张某作为保荐代表人，全面负责IPO项目的材料撰写等工作，并在保荐代表人或辅导人员处签名；王某代表A证券公司与D公司签订“辅导协议”“承销和保荐协议”，参与IPO项目立项会、内核会并行使投票权，并在相关材料的保荐业务部门负责人或辅导机构负责人处签名；李某负责撰写招股说明书中非财务部分内容。

其间，张某利用D公司增资需求，与D公司商议入股，并提出若IPO项目不能成功上市则按原价回购股份。D公司为确保顺利上市和利益捆绑，同意增资扩股1×00万股，由张某、王某、李某低价投资入股，并由他人代持。随后，张某、王某、李某利用在尽职调查中发现个别不规范问题的机会，要求D公司再次增资扩股1×0万股，并分别由张某、王某的朋友，李某的同学持有。

上述入股价格为5.×9元/每股，而D公司股票开盘价为6×.36元。201×年，张某、王某、李某抛售解禁后的股票，分别从中获取收益2××0余万元、1××0余万元、2×0万元。

张某、王某、李某作为证券从业人员，利用职务上的便利，非法收受他人财物，为他人牟取利益，数额巨大，构成非国家工作人员受贿罪。

资料来源：中国证券业协会．证券市场基本法律法规［M］．北京：中国财政经济出版社，2020.

思政意义及反思：

通过对上述案例的学习，使学生们认识到在今后的工作岗位上，应当具备很强的合法守规意识，牢牢树立“合规、诚信、专业、稳健”的证券行业文化理念，严格遵守证券从业人员执业行为准则。

实践训练

一、实训项目

新股发行与申购。

二、实训目的

熟悉新股发行与申购过程。

三、实训步骤

1.登录财经、证券类网站，如东方财富网的新股频道（http://stock.eastmoney.com/newstock.html），通过新股申购专栏了解新股发行与申购情况。

2.登录上述网站查阅新股发行与申购的相关资料。

3.每人提交一份新股发行与申购的实训报告。报告内容应包含新股发行情况、发行方式、申购状况、承销商等。

任务二　证券交易

证券交易，是指证券持有人依照交易规则，将证券转让给其他投资者的行为。证券交易是已发行证券的买卖，是一种具有财产价值的特定权利的买卖，也是一种标准化合同的买卖。

知识准备

一、证券交易市场

证券交易形成的市场为证券交易市场，也称流通市场、二级市场、次级市场。证券流通市场由证券交易所和场外交易市场组成。

（一）证券交易所

证券交易所是为证券集中交易提供场所和设施，组织和监督证券交易，实行自律管理、依法登记的法人。

1.证券交易所的特征

（1）有固定的交易场所和交易时间；

（2）参加交易者为具备会员资格的证券经营机构，一般投资者不能直接进入交易所买卖证券，只能委托会员作为经纪人间接进行交易；

（3）交易对象限于合乎一定标准的上市证券；

（4）通过公开竞价的方式决定交易价格；

（5）集中证券的供求双方，具有较高的成交速度和成交率；

（6）实行“公开、公平、公正”原则，并对证券交易进行严格管理。

2.证券交易所的主要职能

从证券交易实践中可以看出，证券交易所有助于保证证券市场运行的连续性，实现资金的有效配置，形成合理的价格，减少证券投资的风险。根据2021年10月28日修订后的《证券交易所管理办法》，证券交易所的职能包括：

（1）提供证券交易的场所、设施和服务；

（2）制定和修改证券交易所的业务规则；

（3）依法审核公开发行证券申请；

（4）审核、安排证券上市交易，决定证券终止上市和重新上市；

（5）提供非公开发行证券转让服务；

（6）组织和监督证券交易；

（7）对会员进行监管；

（8）对证券上市交易公司及相关信息披露义务人进行监管；

（9）对证券服务机构为证券上市、交易等提供服务的行为进行监管；

（10）管理和公布市场信息；

（11）开展投资者教育和保护；

（12）法律、行政法规规定的以及中国证监会许可、授权或者委托的其他职能。

3.证券交易所的分类

从世界各国的情况来看，证券交易所分为会员制证券交易所和公司制证券交易所两种。

（1）会员制证券交易所。会员制证券交易所是不以营利为目的，由会员自治自律、互相约束，参与经营的会员可以参加股票交易中的股票买卖与交割的交易所。这种交易所的佣金和上市费用较低，从而在一定程度上可以从事上市股票的场外交易。但是，由于经营交易所的会员本身就是股票交易的参加者，因此在股票交易中难免出现交易的不公正性。同时，因为参与交易的买卖双方只限于证券交易所的会员，新会员的加入一般要经过原会员的一致同意，这就形成了一种事实上的垄断，不利于提高服务质量和降低收费标准。

在会员制证券交易所中，理事会的职责主要有：决定政策，并由总经理负责编制预算，然后送交成员大会审定；维持会员纪律，对违反规章制度的会员给予罚款、停止营业与除名处分；批准新会员进入；核定新股上市；决定如何将上市股票分配到交易厅专柜等。目前，我国上海证券交易所和深圳证券交易所都是会员制证券交易所。

（2）公司制证券交易所。公司制证券交易所是以营利为目的，提供交易场所和服务人员，有利于证券商的交易与交割的证券交易所。从证券交易实践中可以看出，这种证券交易所要收取发行公司的上市费与证券成交的佣金，其主要收入来自买卖成交额的一定比例。另外，经营这种交易所的人员不能参与证券买卖，因而在一定程度上可以保证交易的公平性。

在公司制证券交易所中，总经理向董事会负责，主要负责证券交易所的日常事务。董事的职责有：核定重要章程，即业务、财务方针；拟订预算、决算及盈余分配计划；核定投资；核定参加股票交易的证券商名单；核定证券商应缴纳的营业保证金、买卖经手费及其他款项的数额；核议上市股票的登记、变更、撤销、停业及上市费的征收；审定向股东大会提出的议案及报告；决定经理人员和评价委员会成员的选聘、解聘及核定其他项目。监事的职责包括审查年度决算报告及监察业务，检查一切账目等。

自20世纪90年代以来，世界上许多证券交易所已由会员制改为公司制，从传统非营利性的会员制组织改造为营利性股份公司，如瑞典的斯德哥尔摩证券交易所及香港联交所等。我国的北京证券交易所（简称北交所）是经国务院批准设立的内地第一家公司制证券交易所。

4.证券交易所的成员

（1）会员。会员包括证券经纪人、证券自营商和专业会员。

证券经纪人主要是指佣金经纪人，即专门替客户买卖股票并收取佣金的经纪人。证券交易所规定，只有会员才能进入大厅进行股票交易，因此非会员投资者若想在交易所买卖股票，则必须通过股票经纪人。

证券自营商是指不为投资者买卖股票，而是为自己买卖股票的证券公司。根据其业务范围可分为直接经营人和零数交易商。直接经营人是指在交易所注册的、可直接在交易所买卖股票的会员，这种会员不需要支付佣金，其利润来源于短期股票价格的变动。零数交易商是指专门从事零数交易（即不够一单位所包含股数的交易）的交易商，这种交易商不能收取佣金，其收入主要来源于以低于整份交易的价格从证券公司客户手中购入证券，然后以高于整份交易的价格卖给零数股票的购买者所赚取的差价。

专业会员是指在交易所大厅专门买卖一种或多种股票的交易所会员，其职责是就有关股票保持一个自由的、连续的市场。专业会员的交易对象是其他经纪人，按规定不能直接同公众买卖证券。在证券交易实践中，专业会员既可以是经纪人身份，也可以是自营商身份，但不能同时身兼两职参与股票的买卖业务。

（2）交易人。交易人在进入交易所后，就被分为特种经纪人和场内经纪人。

特种经纪人是交易所大厅的中心人物，每位特种经纪人都身兼数职，即充当其他股票经纪人的代理人，直接参加交易，以轧平买卖双方的价格差距，促成交易；在大宗股票交易中扮演拍卖人的角色，负责对其他经纪人的出价和开价进行评估，确定一个公平的价格；负责本区域的交易，促其成交；向其他经纪人提供各种信息。

场内经纪人可分为佣金经纪人和独立经纪人。佣金经纪人如前所述，此处不再作介绍。独立经纪人主要是指一些独立的个体企业家。一个公司如果没有自己的经纪人，就可以成为独立经纪人的客户，每做一笔交易，公司需要付一笔佣金。在实践中，独立经纪人都会竭力按公司要求进行股票买卖，以获取良好的信誉和丰厚的报酬。

在证券投资交易活动中，客户与经纪人是相互依赖的关系，主要表现在以下四个方面：

第一，授权人与代理人的关系。客户作为授权人，经纪人作为代理人，经纪人必须为客户着想，为其利益提供帮助。经纪人所取得的收益为佣金。

第二，债务人与债权人的关系。这是在保证金信用交易中客户与经纪人之间关系的表现。客户在保证金交易方式下购买股票时，仅支付若干保证金，不足数须向经纪人借款。不管该项借款是由经纪人贷出还是由商业银行垫付，此时的经纪人均为债权人，客户均为债务人。

第三，抵押关系。客户在需要款项时，须持股票向经纪人作抵押借款。客户为抵押人，经纪人为被抵押人，在股票售出时，经纪人可从其款项中扣除借款数额。在经纪人本身无力贷款的情况下，可以客户的股票向商业银行进行再抵押。

第四，信托关系。客户将资金和证券交由经纪人保存，经纪人为客户的准信托人。经纪人在信托关系中不得使用客户的财产为自身谋利。客户若想从事股票买卖，必须先在股票经纪人公司开立账户，以便获得各种必要资料，然后再行委托，而经纪人不得违抗或变动客户的委托。

拓展阅读2-2

我国证券交易所

中华人民共和国成立不久，为了尽快恢复金融市场秩序，疏导社会游资，引导资金投向和调整产业结构，经天津市军管会决定并经各方积极筹备，中国人民银行天津市分行设立了“天津证券交易所”。1950年2月，中国人民银行北京市分行成立了“北京证券交易所”。随着政治经济形势的变化，天津、北京的证券交易所于1952年下半年相继停业清理。

改革开放以来，随着国库券、金融债券被准许流通，原国家体改委和中国人民银行于1985年12月联合在广州召开了五城市金融体制改革试点会议，提出的一项重要内容就是开放证券市场。1986年，中国人民银行上海市分行在确定上海金融市场发展规划时，就明确将筹建证券交易所列为两步走的第二步。经过几年的证券市场试点，上海证券交易所于1990年11月26日被批准成立，1990年12月19日正式开业。深圳证券交易所于1989年11月15日开始筹建，1990年12月1日开始集中交易，1991年4月11日经中国人民银行批准成立，并于1991年7月3日正式开业。北京证券交易所于2021年9月3日注册成立，是经国务院批准设立的我国内地第一家公司制证券交易所，受中国证监会监督管理。

目前，中国有5家证券交易所，分别是上海证券交易所（沪市和科创板在上海证券交易所上市）、深圳证券交易所（深市和创业板在深圳证券交易所上市）、北京证券交易所（新三板在北京证券交易所上市）、台湾证券交易所和香港证券交易所。

教学互动2-3

全球知名的证券交易所有哪些？

（二）场外交易市场

1.场外交易市场概述

场外交易市场是相对于交易所市场而言的，是在证券交易所之外进行证券买卖的市场，又称“柜台市场”或“店头市场”，是分散在各个证券商柜台的市场，无集中交易场所和统一的交易制度。但是，随着信息技术的发展，证券交易的方式逐渐演变为通过网络系统将订单汇集起来，再由电子交易系统处理，场内市场和场外市场的物理界限逐渐模糊。

2.场外交易市场的功能

场外交易市场是我国多层次资本市场体系的重要组成部分，主要具备以下功能：

（1）拓宽融资渠道，改善中小企业融资环境。不同融资渠道的资金具有不同的性质和相互匹配关系，优化融资结构对于促进企业发展、保持稳定的资金供给至关重要。目前，中小企业尤其是民营企业的发展在难以满足现有资本市场约束条件的情况下，很难获得持续稳定的资金供给。场外交易市场的建设及发展拓展了资本市场积聚和配置资源的范围，为中小企业提供了与其风险状况相匹配的融资工具。

（2）为不能在证券交易所上市交易的证券提供流通转让场所。在多层次资本市场体系中，证券交易所市场的上市标准较高，大部分公司很难达到这一标准，但是公司股份天然具有流动的特性，存在转让的需求，场外交易市场为其提供了流通转让的场所，也为投资者提供了兑现及投资的机会。

（3）提供风险分层的金融资产管理渠道。资本市场是风险投资市场，不同投资人具有不同的风险偏好。建立多层次资本市场体系，发展场外交易市场能够增加不同风险等级的产品供给，提供必要的风险管理工具以及风险的分层管理体系，为不同风险偏好的投资者提供更多不同风险等级的产品，满足投资者对金融资产管理渠道多样化的要求。

拓展阅读2-3

我国的场外交易市场

1.银行间债券市场。全国银行间债券市场是指依托于中国外汇交易中心暨全国银行间同业拆借中心（以下简称交易中心）和中央国债登记结算有限公司（以下简称中央登记公司）的，面向商业银行、农村信用合作社、保险公司、证券公司等金融机构进行债券买卖和回购的市场。全国银行间债券市场成立于1997年6月6日，经过20多年的迅速发展，银行间债券市场目前已成为我国债券市场的主体部分。

2.全国中小企业股份转让系统。全国中小企业股份转让系统（俗称“新三板”）是经国务院批准设立的全国性场外市场。全国中小企业股份转让系统有限公司为运营管理机构，于2013年1月6日正式揭牌。

作为多层次资本市场的一部分，“新三板”从2006年开始在中关村科技园区进行试点；2012年8月，国务院正式同意扩大试点，新增上海、武汉、天津三地的国家级科技园区。经过六年多的探索实践，中关村科技园区非上市公司股份转让试点在提高挂牌企业股份转让价格水平和流转效率、改善中小企业融资环境和吸引民间资本投资方面的功能已初步显现。在扩大试点前，已有134家中关村高新技术企业在“新三板”挂牌，其中有7家企业转到创业板或中小板上市。

“新三板”的特点有：挂牌门槛低，对企业无财务要求；实行备案制，挂牌时间短；挂牌成本低；企业数量增加快，股本规模小，集中在高新技术产业，成长性好，流动性差，定向增资额度小但效率高；交易制度目前仍是撮合成交的方式，交易有很强的试验色彩。

2021年9月，我国为继续支持中小企业创新发展，深化新三板改革，设立北京证券交易所，打造服务创新型中小企业主阵地。

3.四板市场。区域性股权交易市场是为特定区域内的企业提供股权、债券的转让和融资服务的私募市场，一般以省为单位，由省级人民政府监管，是我国多层次资本市场的重要组成部分。对于促进企业特别是中小微企业股权交易和融资，鼓励科技创新和激活民间资本，加强对实体经济薄弱环节的支持具有积极作用。

截至2016年9月，全国已经建立40家区域性股权交易市场，其中著名的有厦门两岸股权交易中心、北京股权交易中心、上海股权托管交易中心、江苏股权交易中心、广州股权交易中心、青海股权交易中心、天津股权交易所、齐鲁股权托管交易中心、武汉股权托管交易中心等。

4.债券柜台交易市场。债券柜台交易市场，又称柜台记账式债券交易业务，是指银行通过营业网点（含电子银行系统）与投资人进行债券买卖，并办理相关托管与结算等业务的行为。商业银行根据每天全国银行间债券市场交易的行情，在营业网点柜台挂出国债的买入和卖出价格，以保证个人和企业投资者可以即时买卖国债，商业银行的资金和债券余缺则通过银行间债券市场买卖加以平衡。

柜台交易具有以下特点：一是为个人投资者投资于公债二级市场提供更方便的条件，可以吸引更多的个人投资者；二是场外交易的覆盖面和价格形成机制不受限制，便于中央银行进行公开市场操作；三是有利于商业银行低成本、大规模地买卖公债等；四是有利于促进各市场之间的价格、收益率趋于一致。

资料来源：吴晓求．证券投资学［M］．5版．北京：中国人民大学出版社，2020.

二、证券交易制度

目前，国际上的证券交易制度主要有委托经纪制度和做市商制度两种。

（一）委托经纪制度

委托经纪制度是指投资者依靠指令驱动机制，通过竞价配对达成交易的一种制度。具体而言，就是买卖双方将委托指令下达给各自的代理经纪人（证券交易所的会员）再由经纪人下达给交易所。在汇总所有交易委托的基础上，证券交易所的交易系统按照价格优先和时间优先的原则撮合成交，完成交易。竞价配对方式可以是传统的公开喊价方式，也可以是计算机自动撮合方式。

在指令驱动机制下，证券交易价格是由买卖双方直接决定的，投资者交易的对象是不确定的其他投资者。买卖指令的流量是推动市场运行和价格形成的根本动力。

现在大部分主板市场都采用委托经纪制度，如沪深两大证券交易所和四家期货交易所均采用此种交易制度。

（二）做市商制度

做市商制度是指在证券市场上，投资者需要借助做市商，依靠报价驱动机制达成交易的一种制度。

做市商是指由具备一定实力和信誉的证券经营机构作为特许交易商，成为某些证券买进和卖出的交易组织者。做市商会不断地向公众投资者报出某些特定证券的买卖价格，并在该价位上以其自有资金和证券与公众投资者进行交易。而买卖报价之间的差额扣除补偿所提供服务的成本之后，就是做市商的利润来源。

在做市商市场中，主要依靠报价驱动机制达成交易。做市商报出的是双向价格，即对同一只股票而言，做市商既报买入价，也报卖出价。也就是说，所有投资者的交易对手都是做市商。做市商报出价格后，就有义务接受投资者按此价格提出的买卖要求。换言之，做市商必须有足够的证券和资金，用来满足投资者买进或卖出证券的要求。

做市商制度的优点是能够保证证券市场的流动性，即投资者随时都可以按照做市商的报价买入或卖出证券，不会出现买卖双方不均衡（如只有买方或卖方）而无法交易的情形。但是，由于做市商的利润来自买卖报价之间的价差，因此在缺乏价格竞争的情况下，做市商可能会故意加大买卖价差，使投资者遭受损失。

做市商就是通过不断买卖来维持市场的流动性，满足公众投资者投资需求的。推行做市商制度的初衷一般都是提高证券交易的效率性、稳定性和流动性。美国的“全美证券商协会自动报价系统（NASDAQ）”实行的就是做市商制度。

做市商制度是我国科创板建设中的一项重要交易制度安排。《关于在上海证券交易所设立科创板并试点注册制的实施意见》（以下简称《实施意见》）中提出：“在竞价交易基础上，条件成熟时引入做市商制度。”在2022年9月16日之前，中国证监会批复了首批8家券商的科创板做市商资格，分别是申万宏源、华泰证券、银河证券、中信建投、东方证券、财通证券、国信证券和国金证券。此外，还有6家证券公司的“上市证券做市业务”资格申请处于中国证监会正式受理阶段，其他部分证券公司也表示正在积极推进资格申请各项工作，这预示着科创板做市商业务上线进入倒计时。

（三）两种交易制度的比较

委托经纪制度和做市商制度的区别主要如下：

1.价格形成方式不同

在委托经纪制度中，证券的开盘价格与随后的交易价格均是通过竞价形成的，成交价格是在交易系统内部生成的。以我国证券市场为例，所有投资者的买卖指令都汇集到交易所的主机中，计算机自动让价格相同的买卖单成交，开盘价是在上午9点25分同时满足以下三个条件的基准价格：首先，是成交量最大；其次，是高于基准价格的买入申报和低于基准价格的卖出申报全部成交；最后，是与基准价格相同的买方或卖方申报至少有一方全部成交。而在做市商制度中，证券的开盘价格和随后的交易价格是由做市商报出的，成交价格是从交易系统外部输入的。

2.交易成本不同

在委托经纪市场中，证券价格是单一的，投资者的交易成本仅仅是付给经纪人的手续费。在做市商市场中，同时存在买入价格与卖出价格两种市场报价，两者之间的价差就是做市商的利润，即做市商提供“即时性服务”索取的合理报酬。如此一来，投资者便被迫担负了额外的交易成本（即价差）。

3.处理大额买卖指令的能力不同

采用委托经纪制度，大额买卖指令要等待交易对手的买卖盘，完成交易常常要等待较长时间。而采用做市商制度，能够有效处理大额买卖指令。

通过以上比较，我们可以发现两种机制均有优劣之处。完全的做市商制度在交易即时性、大宗交易能力和价格稳定性方面具有优势，但在运作费用、透明性等方面存在劣势。值得说明的是，这两种制度并不是对立和不相容的，而是在各自的发展过程中不断吸取对方的优点逐步走向融合。例如，美国的纽约证券交易所（NYSE）作为一个竞价市场，引入了专家经纪人制度；而纳斯达克在1997年引入了电子交易系统后，价格决定已经由单纯的报价驱动走向"报价与指令"混合驱动。

三、证券交易程序

在证券交易所市场，投资者不能直接进入市场而必须通过证券交易所的会员来进行证券买卖。会员即证券经纪商，其通过代理客户进行证券交易，收取一定比例的佣金作为业务收入。我国具有法人资格的证券经纪商是指在证券交易中代理买卖证券、从事证券业务的证券公司，证券公司通过设立证券营业部，接受客户委托，按照客户要求，代理客户买卖证券的业务。

投资者委托经纪商进行证券交易，需要经历开户、委托买卖、竞价、结算与过户五个步骤。随着互联网技术的发展，投资者可以通过电脑或手机操作完成整个证券投资过程。

（一）开户

投资者进行证券交易，首先要开立证券账户和资金账户。证券账户用来记载投资者所持有的证券种类、数量和相应的变动情况，资金账户则用来记载和反映投资者买卖证券的货币收付和结存数额。开立证券账户和资金账户后，投资者买卖证券所涉及的证券、资金变化就会在相应的账户中得到反映。例如，某投资者买入甲股票1 000股，包括股票价格和交易税费的总费用为10 000元，则投资者的证券账户上就会增加甲股票1 000股，资金账户上就会减少10 000元。

1.开立证券账户

按照现行规定，投资者入市前应先到中国登记结算上海分公司或中国登记结算深圳分公司及其代理点（各证券公司）开立证券账户。此外，各证券公司大多都提供网上开户业务，更为方便。

证券账户的种类有两种划分依据：一是按照交易所划分，可以分为上海证券账户和深圳证券账户；二是按照账户用途划分，可以分为人民币普通股票账户（A股账户）、人民币特种股票账户（B股账户）、证券投资基金账户、创业板交易账户和其他账户等。其中，A股账户可用于购买A股、债券、上市基金及权证等证券；B股账户专门为投资者买卖B股而设置；基金账户用于买卖上市基金。

2.开立资金账户、办理第三方存管

通过开立资金账户，投资者与经纪商建立了委托代理关系，成为该证券经纪商的客户。客户证券交易资金、证券交易买卖、证券交易结算托管三分离是国际上通用的规则，这在一定程度上可以防范经纪商挪用投资者交易结算资金的行为，从而起到保护投资者利益的作用。目前，我国各证券公司已全面实施客户交易结算资金第三方存管，以保证客户资金的安全。

投资者在证券公司开立资金账户，接着营业部为投资者办理第三方存管，进行第三方存管银行预指定；投资者持有效证件、银行卡和第三方存管协议书等到对应银行网点办理第三方存管银行确认手续。

投资者通过以上步骤开户成功以后，就可以通过开户的证券公司营业部的柜台委托交易系统、场内自助交易系统、电话委托、网上交易软件等方式进行交易。

知识链接2-3

手机开户流程

在进行手机开户之前要准备好自己的银行卡和身份证，手机开户时间没有限制，休市时间也可以进行开户。

第一步：选择一家证券公司，到其公司网站或者直接在手机应用商城中下载该证券公司专用的软件。

第二步：下载好软件之后，完成认证，在App下方的选项中找到“开户”按钮，进入选择营业部的界面，接着选择最近的营业部，点击“下一步”按钮，进入上传身份证的页面，进行身份证正反面以及本人照片的拍摄，要保持光线充足照出清晰的照片上传。

第三步：完成第二步之后，证券公司工作人员会与你进行视频通话，你只要如实回答问题就可以了。接下来进行三方存管和设置资金密码的环节，需要记住密码，开户成功后会一直使用这密码登录，最后就是等待审核成功。

（二）委托买卖

投资者向证券经纪商下达买进或卖出证券的指令，称为“委托”。

1.委托的受理

委托指令的基本要素包括证券账号、日期、品种、买卖方向、数量、价格、时间、有效期、签名等。

投资者可以选择柜台委托、自助委托、电话委托、热键委托、可视电话委托和网上交易委托等进行证券交易。

表2-1至表2-3分别给出证券交易所竞价交易的证券买卖申报数量、单笔申报最大数量和申报价格最小变动单位。

表2-1 证券交易所竞价交易的证券买卖申报数量

交易内容	上海证券交易所	深圳证券交易所
买入股票、基金、权证	100股（份）或其整数倍	100股（份）或其整数倍
卖出股票、基金、权证	余额不足100股（份）的部分，应一次性申报卖出	余额不足100股（份）的部分，应一次性申报卖出
买入债券	1手或其整数倍	10张或其整数倍
卖出债券	1手或其整数倍	余额不足10张的部分，应一次性申报卖出

续表

交易内容	上海证券交易所	深圳证券交易所
债券质押式回购交易	100手或其整数倍	10张或其整数倍
债券买断式回购交易	1 000手或其整数倍	

注：上海证券交易所的债券交易和债券买断式回购交易以人民币1 000元面值债券为1手，债券质押式回购交易以人民币1 000元标准券为1手。深圳证券交易所的债券交易以人民币100元面值为1张，债券质押式回购以100元标准券为1张。

表2-2　证券交易所竞价交易的单笔申报最大数量

交易内容	上海证券交易所	深圳证券交易所
股票、基金、权证交易	不超过100万股（份）	不超过100万股
债券交易	不超过1万手	不超过10万张
债券质押式回购交易	不超过1万手	不超过10万张
债券买断式回购交易	不超过5万手	

表2-3　证券交易所竞价交易的申报价格最小变动单位

上海证券交易所	深圳证券交易所
A股、债券交易、债券买断式回购交易为0.01元人民币	A股为0.01元人民币
基金、权证交易为0.001元人民币	基金、债券交易、债券质押式回购交易为0.001元人民币
B股为0.001美元	B股为0.01港元
债券质押式回购交易为0.005元人民币	

注：根据市场需要，我国证券交易所可以调整各类证券单笔买卖申报数量和申报价格的最小变动单位。

2. 委托的执行

证券经纪商接到投资者的委托指令后，首先要对投资者身份的真实性和合法性进行审查。经审查合格后，证券经纪商要将投资者委托指令的内容传送到证券交易所进行撮合。这一过程称为“委托的执行”，也称“申报”或“报盘”。在现代电子化交易方式下，证券交易所往往通过交易系统主机接受申报并进行撮合配对成交。

3. 委托的撤销

在委托未成交之前，委托人有权变更和撤销委托。

微课2-2

竞价原则

（三）竞价成交

1. 竞价原则

证券交易所交易系统主机接受申报后，按价格优先、时间优先的原则竞价成交。价格优先原则为：买入申报较高价格优先于较低价格；卖出申报较低价格优先于较高价格。时间优先原则为：买卖方向、价格相同的，先申报者优先于后申报者，先后顺序按证券交易所交易主机接收申报的时间确定。

符合成交条件的予以成交，不符合成交条件的继续等待成交，超过委托时效的订单失效。

课堂训练2-1

有甲、乙、丙、丁投资者四人，均是卖出申报，申报价格和申报时间分别为：甲的卖出价6.35元，时间10：35；乙的卖出价6.38元，时间10：40；丙的卖出价6.40元，时间10：20；丁的卖出价6.40元，时间为10：50。请大家运用竞价原则对以上卖出申报进行排序。

2.竞价方式和竞价时间

目前，我国证券交易所采用集合竞价与连续竞价两种竞价方式。2018年8月20日以前，上海证券交易所和深圳证券交易所收盘集合竞价时间有所差别。在上海证券交易所调整了收盘竞价机制后，两大交易所的竞价交易时间统一为：采用竞价方式交易的股票，每个交易日的9：15—9：25为开盘集合竞价时间；9：30—11：30和13：00—14：57为连续竞价时间；14：57—15：00为收盘集合竞价时间。

（1）集合竞价，是指对一段时间内接收的买卖申报一次性集中撮合成交的竞价方式。采用集合竞价方式的所有交易都以同一价格成交。集合竞价确定成交价的原则为：可实现最大成交量的价格；高于该价格的买入申报与低于该价格的卖出申报全部成交的价格；与该价格相同的买方或卖方至少有一方全部成交的价格。

（2）连续竞价，是指对买卖申报逐笔连续撮合的竞价方式。在连续竞价阶段将每一笔买卖委托输入计算机自动撮合系统后，会当即判断并进行不同的处理：能成交者予以成交；不能成交者等待机会成交；部分成交则让剩余部分继续等待。同时，对股票价格实行涨跌幅限制，但是对首次公开发行上市的股票、增发上市的股票、暂停上市后恢复上市的股票等在首个交易日不实行价格涨跌幅限制。

3.竞价结果

竞价结果有全部成交、部分成交和不成交三种。

（四）结算

证券交易成交后，在当日闭市后进行结算。证券结算包含清算和交收两个方面。首先需要对买方在资金方面的应付额和在证券方面的应付种类及数量进行计算，这一过程属于清算，包括资金清算和证券清算。待清算结束后，需要完成证券由卖方向买方转移和对应的资金由买方向卖方转移。这一过程属于交收。

在进行资金清算时，除了要计算买卖证券发生的资金流入和流出之间的差额外，还要一并扣除交易费用。交易费用是投资者在委托买卖证券时，需要支付的多项费用和税金，主要包括佣金、过户费和印花税。

1.佣金

佣金是投资者在委托买卖证券成交后，按成交金额的一定比例支付的费用。它是证券公司为客户提供证券代理买卖服务所收取的费用，由证券公司经纪佣金、证券交易所手续费、证券交易监管费组成。佣金的收取标准因交易品种、交易场所不同而有所差异。证券公司向客户收取的佣金不得高于证券交易金额的0.3%，A股与基金的每笔交易佣金不足5元的按5元收取。

2.过户费

过户费是委托买卖的股票、基金成交后，买卖双方为变更证券登记而支付的费用。当前，上海证券交易所A股的过户费为成交金额的0.1%，起点为1元；B股的过户费为成交金额的0.05%。在深圳证券交易所，免收A股过户费；B股的过户费为成交金额的0.05%，最高不超过500港元。基金交易不收过户费。

3.印花税

印花税是按国家税法的规定，在A股和B股成交后，对买卖双方投资者按照规定的税率分别征收。在我国，印花税税率调整过多次。当前，证券交易印花税只对出让方按0.1%的税率征收。

（五）过户

对不记名证券而言，完成了清算和交收，证券交易过程即告结束。对记名证券而言，完成了清算和交收后，还要完成登记过户，证券交易过程才告结束。

思政案例2-2

A证券公司营业部客户经理刘某，在向多名老年客户销售该公司代销的某高风险等级信托产品时，擅自向客户作出保本保息承诺，并表示即使信托产品亏损，该证券公司也会弥补投资者的损失。另外，刘某为取得销售奖励，诱导多名客户不客观地填写“风险评估表”，使风险承受能力较低的客户购买该产品。最终，该信托产品投资失败，投资者的本金遭受损失，刘某的多名老年客户上门要求该公司赔偿并向当地监管部门投诉，严重影响了该证券公司的正常经营。刘某的行为违反了职业道德和从业人员行为准则，事发后该公司及时向证券业协会报告，对刘某予以处罚并告知投资者可以通过法律途径向刘某主张权利。

资料来源：中国证券业协会．证券市场基本法律法规［M］．北京：中国财政经济出版社，2020.

思政意义及反思：

上述案例说明，从业人员任何漠视、无视、违反法律法规的规定和监管机构要求的行为，对个人、机构、客户，乃至行业都可能造成不可挽回的损失和巨大影响。警钟长鸣，从业人员应当时刻谨慎自重。

实践训练

一、实训项目

证券交易操作。

二、实训目的

熟悉证券交易程序，独立进行证券交易。

三、实训准备

登录东方财富官网（https://www.eastmoney.com/），下载东方财富终端（电脑版或手机版），在任务栏“交易”的下拉菜单找到“模拟炒股”，进行注册开户。

四、实训要求

1.自选一只股票。

2.熟悉交易规则。

3.委托下单，进行股票模拟交易。

4.完成实训报告。

项目小结

1.证券发行是指证券发行人以筹集资金为目的，在证券发行市场依法向投资者以同一条件出售证券的行为。证券发行市场是证券进入流通领域的开端，也是实现资本职能转化的场所。一方面，为资金的需求者提供筹集资金的场所；另一方面，为资金的供给者提供投资获利的机会。

2.证券交易是指证券持有人依照交易规则，将证券转让给其他投资者的行为。证券交易是已发行证券的买卖，是一种具有财产价值的特定权利的买卖，也是一种标准化合同的买卖。证券交易形成的市场为证券交易市场，也称流通市场、二级市场、次级市场。证券流通市场由证券交易所和场外交易市场组成。

项目训练

一、单选题

1.发行人向不特定的社会公众发售证券的发行方式是（　　）。

A.公募发行　　B.私募发行　　C.直接发行　　D.间接发行

2.证券发行人委托给一家或几家证券承销机构承销证券的行为属于（　　）。

A.公募发行　　B.私募发行　　C.直接发行　　D.间接发行

3.已经建立的股份公司在募集新股时，要求投资者以现金或实物形式购买股票的方式属于（　　）。

A.有偿增资发行　　B.无偿增资发行

C.有偿和无偿混合增资发行　　D.初次发行

4.证券主管机构只对申报文件的全面性、真实性、准确性和及时性进行审查，不进行实质性审查的发行审核制度是（　　）。

A.注册制　　B.审批制　　C.核准制　　D.特许制

5.从2004年2月1日起，中国开始推行核准制下的（　　）。

A.注册制　　B.审批制　　C.核准制　　D.保荐人制度

6.下列对证券交易所的功能描述错误的是（　　）。

A.有助于保证证券市场运行的连续性

B.实现资金的有效配置

C.具有不可逆转性

D.形成合理的价格，减少证券投资的风险

7.专门替客户买卖股票并收取佣金的经纪人是（　　）。

A.证券经纪人　　B.会员　　C.证券自营商　　D.专业会员

8.专业会员的交易对象是（　　）。

A.公众投资者　　B.机构投资者　　C.个人投资者　　D.其他经纪人

9.下列对场外交易市场描述错误的一项是（　　）。

A.拓宽融资渠道，改善中小企业融资环境

B.为证券集中交易提供场所和设施，组织和监督证券交易

C.为不能在证券交易所上市交易的证券提供流通转让的场所

D.提供风险分层的金融资产管理渠道

10.主要依靠报价驱动机制达成交易的市场制度有（　　）。

A.委托经纪制度　　B.做市商制度　　C.直接定价制度　　D.累计投标制度

二、多选题

1.证券发行市场的特点（　　）。

A.直接性　　B.无形性　　C.不可逆转性　　D.间接性

2.证券发行市场的纵向结构包括（　　）。

A.交易主体　　B.客体　　C.中介　　D.证券监管机构

3.以下对公募发行描述正确的有（　　）。

A.以少数特定投资者为发行对象

B.筹集资金潜力大

C.可避免证券被囤积或被少数人操纵

D.用于证券发行数量较多、筹资额较大的发行人

4.证券发行市场的横向结构包括（　　）。

A.股票发行市场　　B.债券发行市场　　C.基金发行市场　　D.证券监管机构

5.证券承销机构承销的方式又可分为（　　）。

A.证券包销　　B.证券代销　　C.证券助销　　D.证券承销

6.交易费用是投资者在委托买卖证券时，需要支付的多项费用和税金，主要包括（　　）。

A.佣金　　B.过户费　　C.印花税　　D.所得税

7.证券账户按照交易所划分，可分为（　　）。

A.上海证券账户　　B.深圳证券账户

C.人民币普通股票账户　　D.证券投资基金账户

8.增资发行可分为（　　）。

A.有偿增资发行　　B.无偿增资发行

C.有偿和无偿混合增资发行　　D.直接发行

9.从世界范围来看，证券发行审核制度一般有（　　）。

A.审批制　　B.备案制　　C.注册制　　D.核准制

10.证券交易所的成员有（　　）。

A.会员　　B.交易人　　C.机构投资者　　D.个人投资者

三、判断题

1.证券发行是指证券发行人以筹集资金为目的，在证券发行市场依法向投资者以同一条件出售证券的行为。（　　）

2.证券发行市场是证券进入流通领域的开端，也是实现资本职能转化的场所。（　　）

3.证券发行市场与证券流通市场的重要区别是，具有不可逆转性。（　　）

4.证券发行市场横向结构是要素结构，纵向结构是品种结构。（　　）

5.证券包销是指发行人与证券承销商签订购买合同，由承销商将所发行的证券全部买下，然后转售给社会公众投资者的发行方式。（　　）

6.当新组建股份公司或原非股份制公司改制为股份公司时，发行股票的行为称为首次公开发行。（　　）

7.无偿增资发行是指投资者不必缴纳资金就可以无偿获得新股的方式。（　　）

8.股票首次发行采用“绿鞋制度”后，上市后市价不会跌破发行价。（　　）

9.上海证券交易所和深圳证券交易所都是会员制证券交易所。（　　）

10.在股票交易实践中，专业会员既可以是经纪人身份，也可以是自营商身份，但不能同时身兼两职参与股票的买卖业务。（　　）

四、综合实训

通过本项目的学习，熟悉证券发行与交易过程。选择一只新股，跟踪其从发行到上市的情况，待该只股票上市后，独立下单进行模拟交易。

实训要求：

1.独立完成整个实训过程。

2.撰写实训报告，实训报告包括新股发行上市情况、交易情况。

项目三
证券投资基本分析

学习目标

知识目标

了解证券投资基本分析的内容与特点；掌握证券投资基本分析中宏观分析、中观分析和公司分析的理论及相关术语。

能力目标

能够独立在证券投资过程中灵活运用所学的理论知识进行操作，能够完成证券投资基本分析的相关习题。

思政目标

引导学生做理性的投资人，回归价值投资，在学习过程中，树立正确的世界观、人生观和价值观，形成良好的职业道德操守。

在证券投资中，投资者要提高收益和降低投资风险，除了应当具备丰富的证券投资经验，还应当具备证券投资分析的能力。通过本项目的学习，你将了解证券投资基本分析的方法、宏观经济分析法基本内容、宏观经济指标与证券市场的关联、宏观经济政策对证券市场的影响。掌握行业市场的各种类型。熟悉微观经济分析的公司财务分析方法。

任务一　了解证券投资分析

证券投资分析是证券投资过程中的主要内容，目的是实现投资收益的最大化及投资风险的最小化。证券投资分析的范围很广，方法也多种多样，但目前被运用最多的主要有三种：第一种方法是通过分析影响证券价格的基础条件和决定因素，判断和预测今后的发展趋势，称之为基本分析法；第二种方法是研究证券市场行情和供求关系，寻找合适的投资对象和时机，称之为技术分析方法；第三种方法为证券投资组合法，是根据投资者对收益率和风险的偏好来确定投资者的最优证券组合并进行组合管理的方法。

从长期来看，一家上市公司的投资价值归根到底是由其基本面决定的。

知识准备

一、证券投资分析

微课3-1

证券投资分析方法介绍及差异比较

证券投资分析是证券投资的主要内容，传统的证券投资分析主要包括基本面分析和技术分析两种方法，其中基本面分析是指应用投资学、经济学、统计学等基本原理，通过对影响证券供求关系的宏观、中观、微观等因素的分析，判断其真正价值，分析其价格走势，提供投资依据的一种分析方法。它是证券投资分析的基础和重要组成部分，是投资者选择证券种类和进行长期投资必需的投资分析方法。

而技术分析是指直接对证券市场的市场行为所作的分析，是通过对市场过去和现在的行为，应用数学和逻辑方法归纳总结其典型规律，并据此预测证券市场的未来变化趋势的一种分析方法。它是一种广泛应用在证券市场中的分析工具，也是一种基本技巧和专门学问。

二、基本分析与技术分析

基本分析立足于影响证券价格的基本因素，而技术分析只关心证券市场本身的变化。

基本分析是为了判断证券现行价位是否合理并描绘出它长远的发展空间，而技术分析主要是预测短期内股价涨跌的趋势。

技术分析和基本分析都认为价格由供求关系所决定。但基本分析主要根据影响供需关系的因素来分析股价走势，而技术分析则根据股价本身的变化来预测股价走势。

基本分析主要以各种经济学原理为基础，而技术分析的理论基础是空中楼阁理论。

课堂训练3-1

阅读下文，并查找相关资料，分析巴菲特在过去这些年的投资中，都经历了哪些变化？请问你从文中获得了哪些启示？

“股神”巴菲特从事投资已经超过60多年，创建伯克希尔·哈撒韦公司也已接近60年。在这60多年的投资生涯中，巴菲特一直保持了与时俱进的态度，投资方式也在不断演化精进。

准确地说，巴菲特的投资生涯是通过投资合伙制开启的，也就是合伙制的私募基金。从早期来看，巴菲特进行第一阶段投资时最大的特点就是，学习他的老师格雷厄姆的理念——以便宜的价格买入好公司。也就是说，那时巴菲特投资的公司，如桑伯恩地图公司、登普斯特公司以及收购的纺织厂——伯克希尔·哈撒韦公司，都是在价格低到难以置信的程度时才去买，即通过买入便宜的公司来获利。但巴菲特并没有只评估市盈率，他显然是在寻找市价总值明显低于所持资产可实现价值的公司。

在遇到芒格之后，巴菲特的想法发生了转变。芒格曾经对他说过：“如果你只买便宜的公司，就只能赚小钱，要想赚大钱，就必须买入伟大的公司。”也就是那些真正可以不断成长、可以长期创造价值的公司。“我宁愿以一般的价格买入伟大的公司，也不以伟大的价格买入一般的公司。”正是这句话改变了巴菲特的投资理念。因此，巴菲特把更多的精力放在了研究企业的品质上。巴菲特把焦点从企业的资产价值转移到评估企业的可持续盈利能力上，进而通过企业未来的成长性以及净资产收益率（ROE）来判断企业有没有投资价值。同时，他更看重品牌效应，如可口可乐、喜诗糖果等都是这一时期投资的经典案例。巴菲特投资可口可乐和喜诗糖果时，都是在价格并不便宜的时候买的，甚至可以说在当时是比较贵的。而他买入这些公司更多的也是看重它的品牌价值，而不是只看重市盈率。

在巴菲特职业生涯的晚期，即1990年以后，由于他需要管理的资金规模不断增大，因此他需要不断发掘、投资好的公司。但因为他管理的资金规模太大，中小公司无法满足其需求，所以他将投资重心转到大公司上。例如，他长期投资的前五大重仓股——苹果、美国银行、可口可乐、美国运通和亨氏。此时，巴菲特所投资的公司的市值都是比较大的。同时，他也非常看重公司的流动性，即资产量要大。如果是小公司，相对于巴菲特管理的资金量来说太小，也就没有太大意义了。如今，比亚迪已经成为巴菲特投资的第八大重仓股，主要由芒格投资的比亚迪从收益来看非常成功。2008年10月，投资比亚迪港股的2亿多美元如今已经涨了25倍，获利50亿美元。可以说，巴菲特把价值投资发挥到了极致。职业生涯晚期的巴菲特也更加注重实地调研。很多时候，巴菲特首先通过分析上市公司的研报观察公司，进而通过比其他投资者更胜一筹的基本面认知筛选出好的公司，并实地进行考察，以实地调研来分析企业是否真的具有优秀的投资价值。

资料来源：杨德龙．巴菲特价值投资理念的历史演变［EB/OL］．［2021-05-06］．http://www.yicai.com/news/101041975.html.

实践训练

一、实训项目

如何使用基本分析方法来选择股票？

二、实训目的

掌握基本分析方法的类型及应用范围。

三、实训步骤

1.将本班学生分成几个金融活动小组，以金融活动小组为单位，对实训题目进行分析和讨论。

2.教师巡视课堂与学生进行互动，并进行适当引导，之后各金融活动小组选派一名代表将分析结果向全班进行陈述。

3.全班同学以自由发言的形式对各小组的发言进行讨论，教师进行点评。

任务二　宏观分析

证券市场是经济的“晴雨表”，是宏观经济的先行指标，而宏观经济的走向又决定了证券市场的长期走势。因此，在证券投资领域，宏观分析非常重要，只有把握住经济发展的大方向，才能把握证券市场的总体变动趋势，作出正确的决策。只有宏观经济表现良好，大部分上市公司经营业绩才会表现优良，股价才会持续上涨。

知识准备

一、宏观经济分析的意义与方法

（一）宏观经济分析的意义

1.把握证券市场的总体变动趋势

在证券投资中，宏观经济分析是一个重要环节，只有把握住宏观经济发展的大方向，才能把握证券市场的总体变动趋势，作出正确的投资决策；只有密切关注宏观经济因素的变化，尤其是货币政策和财政政策因素的变化，才能抓住证券投资的市场时机。

2.判断整个证券市场的投资价值

证券市场的投资价值与国民经济整体素质及其结构变动密切相关。这里证券市场的投资价值是指整个市场的平均投资价值。从一定意义上来说，整个证券市场的投资价值就是整个国民经济增长质量与速度的反映，因为不同部门、不同行业与成千上万的不同企业相互影响、互相制约，共同影响国民经济发展的速度和质量。宏观经济是个体经济的总和，企业的投资价值必然在宏观经济的总体中综合反映出来，所以宏观经济分析是判断整个证券市场投资价值的关键。

3.掌握宏观经济政策对证券市场的影响力度与方向

证券市场与国家宏观经济政策息息相关。在市场经济条件下，国家通过财政政策和货币政策来调控经济，或挤出泡沫，或促进经济增长。这些政策将会影响经济增长速度和企业经济效益，并进一步对证券市场产生影响。因此，证券分析师必须认真分析宏观经济政策，掌握其对证券市场的影响力度与方向，才能准确把握整个证券市场的运动趋势和不同证券品种的投资价值变动。

4. 了解转型背景下宏观经济对股市的影响不同于成熟市场经济，了解中国股市表现和宏观经济相背离的原因

我国证券市场是新兴加转轨的市场，具有一定的特殊性。比如，国有成分比重较大、行政干预相对较多、阶段性波动较大、投机性偏高、机构投资者力量不够强大等，由此导致证券市场对宏观经济的反应存在特殊的不确定性。证券分析师在分析行情时应该既看到国内证券市场与海外成熟市场的共性，又要看到国内股市的特性，才能更加准确地把握证券市场“国民经济晴雨表”的特征。简单化地用成熟市场的标尺衡量我国证券市场可能会产生偏差。

（二）宏观经济分析的基本方法

1. 总量分析法

总量是反映整个社会经济活动状态的经济变量：一是个量的总和；二是平均量或比例量。总量分析法主要是一种动态分析，因为它主要研究总量指标的变动规律，也有静态分析。总量分析法侧重于对总量指标速度的考察，分析经济运行的动态过程。

2. 结构分析法

结构分析法是指对经济系统中各组成部分及其对比关系变动规律的分析，主要是一种静态分析，也有动态分析。结构分析法侧重于对一定时期经济整体中各组成部分相互关系的研究，分析经济现象的相对静止状态。

总量分析法最为重要，但它需要结构分析法来深化和补充；结构分析法要服从于总量分析法的目标。

二、宏观分析的主要经济指标

宏观经济分析可以通过一系列经济指标的计算、分析和对比来进行。而经济指标一般又分为先行指标（如货币供应量、股票价格指数）、同步指标（如失业率、经济增长率）、滞后指标（如银行短期商业贷款利率、工商业未还贷款）。

教学互动3-1

经济指标的分类依据是什么？你能具体说明吗？

（一）经济增长率

GDP增长率即国内生产总值增长率，是指GDP与上一时期相比百分比的变动。它反映了一个国家或地区经济规模和财富的增长速度。1960—2020年我国国内生产总值增长率的走势如图3-1所示。

国内生产总值是宏观经济指标中首要关注的指标之一。一般来说，国内生产总值的变化对股市的影响程度有以下情形：

一是持续、稳定、高速的国内生产总值增长率会对证券市场产生正面、积极的影响。在此条件下，上市公司的利润也会持续上升，进而带来股息和红利的增加，使投资者对未来经济形成良好预期，增加对股票投资的需求，进一步促进股票价格的上升。

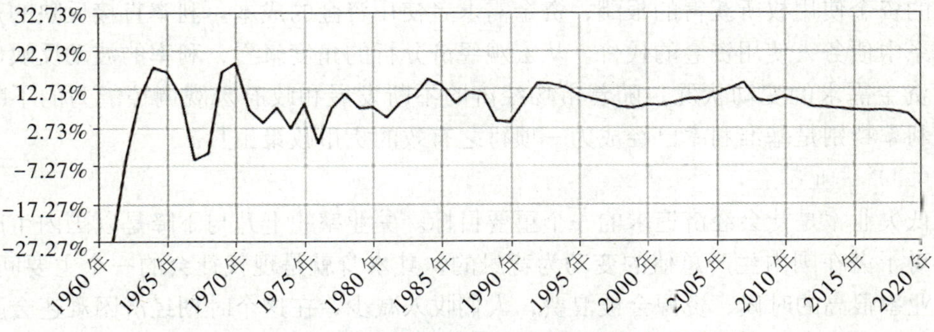

图3-1　1960—2020年我国国内生产总值增长率的走势

资料来源：中国统计网。

二是在高通货膨胀下，国内生产总值会高速增长，社会总需求大于社会总供给，这时会出现严重的通货膨胀，居民实际收入下降，进而导致证券市场行情下跌，影响投资者对市场的信心，进一步造成股票价格的下跌。

三是当国内生产总值增速过快时，我国政府会进行宏观调控以保证宏观经济的稳定增长。在这种情况下，市场的反应往往会比较平和，出现平稳上升的行情。

四是当国内生产总值长期以来都是负增长，且负增长减缓向正增长转变时，经济形势可能正在改善，证券市场的走势也将由下跌转为上升。

教学互动3-2

是不是只要经济增长就一定会促进股价上涨？

（二）通货膨胀

通货膨胀是指一般价格水平持续且显著的上涨。一般用通货膨胀率来衡量，即从一个时期到另一个时期一般价格水平变动的百分比。所谓价格水平，是指一组能够反映社会商品和服务的总体价格水平变动，而不是某一个商品的单一价格。通常由生产者价格水平（PPI，衡量制造商向商店出售商品的价格指数。它主要反映生产资料的价格变化情况，主要衡量各种商品在不同生产阶段的成本价格变化情况）和消费者价格水平（CPI，是指对一个固定的消费品篮子价格的衡量，主要反映消费者支付商品和劳务的价格变化情况）两部分组成。

一是股价反映经济景气状况，而物价上涨会对经济景气发生影响，从而对股价发生影响。

二是物价上涨会使投资者产生保值心理，因而当物价水平快速上涨时，投资者就可能会把资金投资于贵重金属或者房地产项目以保值，证券价格下跌。

三是在物价上涨时，通常产品价格上涨速度大于原材料上涨速度，因而公司可能会由于产品价格上涨速度高于原材料价格的上涨速度而使其盈利增加，股票的价格也会随之提高。

（三）利率

利率，是指在借贷期间所形成的利息额与所贷资金的比率。它是资金出让者让渡自己的资金使用权所获得的报酬，资金需求者使用资金的成本。利率直接反映的是信用关系中债务人使用资金的代价。从宏观经济分析的角度来看，利率的波动反映出市场对资金需求的变动状况，随着市场经济的不断发展和政府宏观调控能力的不断加强，利率特别是基准利率已经成为一项行之有效的货币政策工具。

（四）失业率

低失业率是社会经济追求的一个重要目标。失业率的上升与下降是以国内生产总值相对于潜在国内生产总值的变动为背景的，其本身就是现代社会的一个主要问题。当失业率很高的时候，资源会被浪费，人们收入减少，在这个时期经济困难还会蔓延到人们的情绪和家庭生活中，进而引发一系列的社会问题。

（五）国际收支

国际收支是指一国居民在一定时期内与非本国居民在政治、经济、军事、文化及其他往来中所产生的全部交易的系统记录。这里的“居民”，是指在国内居住一年以上的自然人和法人。国际收支中包括经常项目和资本项目。经常项目主要反映一国的服务贸易往来情况；资本项目则反映一国同国外资金往来情况。全面了解掌握国际收支状况，有利于从宏观上对国家的开放规模和开放速度进行规划、预测和控制。一般来说，若一国国际收支连续出现逆差，政府为平衡国际收支会采取提高国内利率和汇率的措施，以鼓励出口、减少进口，股价就会下跌；反之，股价会上涨。

（六）汇率

汇率是外汇市场上一国货币与他国货币相互交换的比率。实质上可以把汇率看作以本国货币表示的外国货币的价格。一国的汇率会因为该国的国际收支状况、通货膨胀水平、利率水平、经济增长率等因素的变化而波动；同时，汇率及其波动又会对一国的经济发展发挥重要作用。汇率的调整对整个社会经济影响很大，有利有弊。传统理论认为，汇率下降，即本币升值，不利于出口而有利于进口，同时会引起境外资本流入，国内资本市场流动性增加；而汇率上升，即本币贬值，不利于进口而有利于出口，同时会导致境内资本流出，国内资本市场流动性下降。汇率变化对股价的影响要看对整个经济的影响而定。若汇率变化趋势对本国经济发展影响较为有利，则股价会上升；反之，股价会下降。具体地说，汇率的变化对那些在商品进出口和资本项目方面严重依赖国际市场的国家（或地区）和企业的股票价格影响较大。

（七）投资额

投资额是指在一定时期国民经济各部门、各行业固定资产再生产中投入资金的数量。投资规模是否适度，是影响经济稳定与增长的一个决定因素。投资规模过小，不利于为经济的进一步发展奠定物质基础；投资规模过大，超出了一定时期人力、物力和财力的可能，又会造成国民经济比例的失调。

三、经济周期对股票价格的影响

证券市场价格波动是经济的“晴雨表”。这句话表明证券市场价格波动与宏观经济周期的波动不仅具有同向性，而且具有超前性。同时。宏观经济周期性的波动又决定了证券市场价格变动的长期趋势。虽然某些偶然因素也会引起证券市场价格的波动，但从长期来看，这类因素的影响有限，证券市场最终还是要回归到宏观经济周期运行的轨道上。图3-2展示了经济周期周而复始的波动。

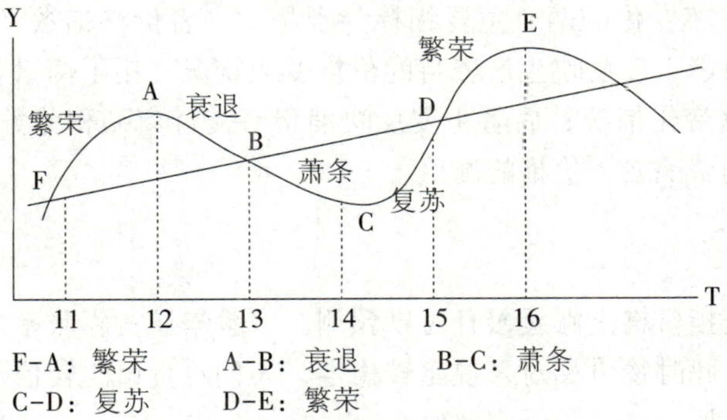

图3-2　经济周期示意图

（一）萧条阶段

在萧条阶段，宏观经济运行处于不景气的末期，社会需求减少，生产过剩比较严重，实业投资已减少到相对最低程度，部分企业停产，大部分企业存在潜在亏损或实际亏损，失业率递增。这时投资者对经济前景难以把握，对未来经济预期相对悲观，处于观望阶段，股票价格一般呈现稳定或缓慢上升状态，或股票价格不断下滑，长期处于底部徘徊，股指屡创新低。

（二）复苏阶段

在复苏阶段，经济处于景气的初期，整体宏观经济仍然处于相对较低的水平，但经济运行已经开始上升，社会需求开始扩大，企业经营活动趋于活跃，资本周转加快，利润增加，就业率同步开始提高，公众对整体经济的发展信心也开始增强，人们预期经济状况即将好转，这时股价全面回升。

（三）繁荣阶段

在繁荣阶段，经济处于景气巅峰，整个社会需求迅速扩大，公司经营活跃，利润增长，就业充分。股票收益增加，投资者争相购买股票，推动股价猛涨，交易投资活跃，成交量不断放大，股指屡创新高。而有远见的投资者预测经济景气难以再创新高，抛出股票，股票价格由迅速上升而开始下跌。

（四）衰退阶段

在整个社会经济繁荣到一定程度后，经济会出现滞胀（滞胀是指由于可用于生产的资源限制，材料成本、人工成本不断提高，从而导致产品过剩、社会需求相对不足的现象），生产停滞，失业率剧增，人们对经济前景悲观失望，投资者争相抛售股票，造成股票价格暴跌。虽然在此期间偶有反弹，但长期下降趋势明显。

四、通货膨胀对股票价格的影响

通货膨胀是指一般价格水平的持续和显著的上涨。通货膨胀的程度通常用通货膨胀率来衡量，它是从一个时期到另一个时期一般价格水平变动的百分比。这里的价格不是单一的某个商品或某种服务的价格，而是一组能够反映社会商品和服务的总体价格水平变动的商品和服务的价格。

（一）生产者价格指数和消费者价格指数

衡量通货膨胀率变化的两个主要指标分别是生产者价格指数（PPI）和消费者价格指数（CPI）。前者主要反映生产资料的价格变化状况，用于衡量各种商品在不同生产阶段的成本价格变化情况；后者主要反映消费者支付商品和劳务的价格变化情况，是对一个固定的消费品篮子价格的衡量。

（二）通货膨胀的类型

1.低通货膨胀

低通货膨胀是指价格上涨缓慢且可以预测。一般年通货膨胀率为一位数的，被认为是低通货膨胀。此时物价相对来说比较稳定，人们对货币比较信任。

2.严重通货膨胀

当总价格水平以每年小于三位数的比例上涨时，即产生了严重通货膨胀。这种通货膨胀局面一旦形成并稳固下来，便会出现严重的经济扭曲。

3.恶性通货膨胀

恶性通货膨胀表现为货币几乎无固定价值，物价时刻在增长，其灾难性的影响是市场经济变得一无是处。通常，恶性通货膨胀会达到三位数以上的年通货膨胀率。

（三）通货膨胀与股市的关联

温和的、稳定的通货膨胀对上市公司的股价影响较小。如果通货膨胀在一定的可容忍范围内持续，且经济处于景气阶段，产量和就业都持续增长，那么股价也将持续上升。严重通货膨胀则很危险，经济将被严重扭曲，货币加速贬值，企业经营将受到严重打击。除了经济影响，通货膨胀还可能影响投资者的心理和预期，对证券市场产生影响。CPI也往往作为政府动用货币政策工具的重要观测指标，当CPI高位运行时，市场往往预期政府将会采取加息等措施来抑制通货膨胀，这样就会引发股市波动。从过去20年的行情走势来看，CPI与上证指数保持较大的负相关性，如图3-3所示。

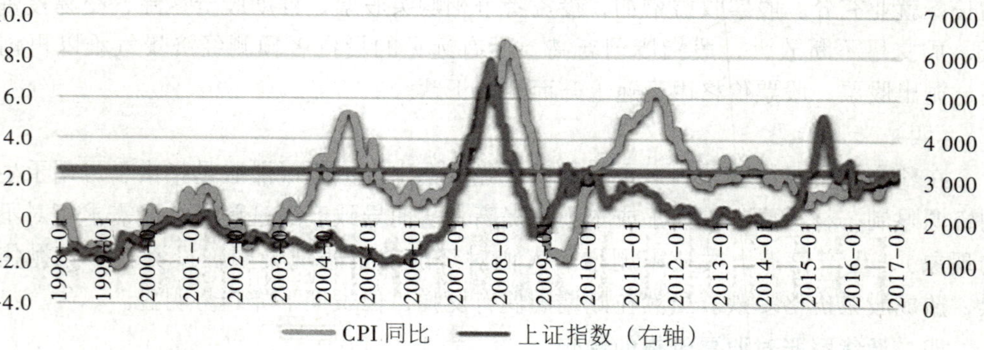

图3-3 CPI与上证指数的关系

资料来源：聚灵数据，金融界研究院。

五、宏观经济政策对股票价格的影响

（一）财政政策

财政政策是政府根据一定时期的国民经济运行情况所确定的，运用税收、预算、补贴等政策手段达到特定目标的财政工作的基本准则。通过改变税率和税率结构，改变政府对商品和劳务的购买支出以及转移支付来影响整体经济，进而影响股票市场。国家财政资金主要来自企业的纯收入，其大小取决于经济结构优化、经济效益高低及财政政策的正确与否。扩张性的财政政策能够使社会需求扩大，从而刺激经济发展，导致股价上涨；而紧缩性的财政政策则使社会需求减少，从而抑制经济发展，导致股价下跌。

（二）货币政策

货币政策是政府根据一定时期的国民经济运行情况所确定的，运用存款准备金、再贴现以及公开市场业务等政策手段达到特定目标的金融工作的基本准则。

一般而言，扩张性的货币政策会导致货币供应量的增加，刺激经济发展，导致股票价格上涨；而紧缩性的货币政策则会使货币供应量减少，抑制经济发展，导致股价下跌。

（三）利率政策

首先，利率水平的变动会影响公司的融资成本，特别是对于自有资本率低的公司。当利率上升时，融资成本上升，利润减少，股票收益降低，股价随之降低；反之，股价自然提高。

其次，利率水平的变动会影响其他可替代性投资的机会成本。当利率上升时，投资证券的机会成本上升，预期报酬率随之上升，而证券的未来收益并没有增加，证券投资价值相对降低，股价随之降低；反之，股价随之提高。

最后，利率水平的变动会影响投资者的借款成本。当利率提高时，投资者必须以比较高的利息才能借到所需的资金，因而对证券的投资需求减少，造成股价下跌；反之，股价上升。

六、政治因素对股票价格的影响

稳定的社会、政治环境是经济正常发展的基本保证，也是股民投资的必要保证。倘若一国政治局势出现较大的变化，如政府更迭、国家首脑健康状况出现问题、国内动乱、对外政治关系发生危机，则会对股票市场产生影响。因此，政治因素历来都是影响股市走势，尤其是短期走势的重要因素。

政治因素主要包括本国政局的稳定情况、政权的转移、领袖的更替、政府的作为、国际社会对本国的政治态度（如制裁、援助、免除债务等）以及战争等。此类因素往往涉及面非常广，有时会带来大规模的变动，有时则很微妙，但都能直接或间接地导致股市波动，有时还是非常强烈的波动。

此外，国际形势的变化，也直接或间接地影响着股市的走势。像外交关系的改善会使有关跨国公司的股价上升，敏锐的投资者就可以在外交关系改善时，不失时机地购进相关跨国公司的股票；一国的周边关系友好，国际形势缓和，这对企业发展无疑提供了大好环境，当然股市大势向好。

拓展阅读3-1

影响证券市场价格的其他因素

2008年3月10日，马来西亚股市（KLSE）大幅度收低9.5%，此前该国执政联盟在3月8日的大选中受挫，蓝筹股森那美和TenagaNasional均挫跌15%。马来西亚股市盘中跌停10%后，被暂停交易一个小时。

AmInvestment Bank的地区股市研究主管Benny Chew说："估值和基本面因素倒退居次位，政治不确定性成为首要因素。直到大选尘埃落定前，市场有可能出现较低的成交量。"

其他东南亚国家股市，除越南以外，3月10日均收低。新加坡海峡时报指数（FTSTI）下跌1.04%；泰国股市（SETI）收低1.82%；印度尼西亚股市（JKSE）也受挫4.84%；菲律宾股市（PSI）下跌3.96%。

政界人士参与股票投机活动和证券从业人员内幕交易一类的政治、社会丑闻，也会对股票市场的稳定构成很大威胁。像20世纪80年代日本出现的"利库路特事件"，其影响面之广、影响时间之长就是一个典型的例子。1988年6月，日本利库路特公司前董事长江副浩正将利库路特公司未上市的股票向多名政界要人转让一事东窗事发，导致当时的首相竹下登下台，原首相中曾根康弘和当时的大藏相宫泽喜一等人也涉嫌卷入其中，这就是日本有名的利库路特贿赂案。这使得日本政局风雨飘摇、数月之内内阁两次更迭，股市自然受到了严重的影响。

资料来源：佚名. 日本房地产泡沫破裂是什么原因？[EB/OL]. [2018-08-01]. https://www.zhihu.com/question/276524860/answer/457754539.

实践训练

一、实训项目

查找资料，找出中国股市历次大的价格变动周期，说明股市发生大变动的主要原因，探究其内在机理。

二、实训目的

掌握证券投资宏观分析的影响因素、原理。

三、实训步骤

1.将本班学生分成几个金融活动小组，以金融活动小组为单位，对实训题目进行分析和讨论。

2.各金融活动小组选派一名代表将分析结果向全班进行展示。

3.全班同学以自由发言的形式对各小组的发言进行讨论，教师进行点评。

任务三 行业分析

行业是介于宏观与微观之间的中观部门，所以证券投资的中观分析，指的就是分析投资对象所在行业的状况。单个企业的命运总是和它所从事行业的命运息息相关，因此行业分析是证券分析取得成功的先决条件。行业是指一个企业群体，在这个企业群体中，各成员企业由于其产品在很大程度上的可相互替代性而处于一种彼此紧密联系的状态，并且由于产品可替代性的差异而与其他企业群体相区别。投资者在证券投资过程中，对行业的选择至关重要。

知识准备

一、行业的分类

（一）道·琼斯分类法

道·琼斯分类法是在19世纪末为选取在纽约证券交易所上市的有代表性的股票而对各公司进行的分类，是证券指数统计中最常用的分类法之一。道·琼斯分类法将大多数股票分为工业、运输业和公用事业三类，然后选取有代表性的股票。在道琼斯指数中，工业类股票选取了工业部门的30家公司，如采掘业、制造业和商业。运输业类有航空、铁路、汽车运输和航运业。作为计算道琼斯股价指数的股票类别，公用事业类主要包括电话公司、煤气公司和电力公司。

（二）我国国民经济行业的分类

为了正确反映国民经济内部的结构和发展状况，并为国家进行宏观管理，各级政府部门和行业协会进行经济管理以及科研、教学、新闻宣传、信息咨询服务等提供统一的行业分类和编码，《中华人民共和国国家标准（GB/T4754—94）》对我国国民经济行业进行了详细的划分。大的门类从A到P共分为16类。

（三）我国证券市场的行业划分

1.上证指数分类法

上海证券市场为编制新的沪市成分指数，将全部上市公司分为五类，即工业、商业、地产业、公用事业和综合类，并分别计算和公布各分类股价指数。

2.深证指数分类法

深圳证券市场将在深市上市的全部公司分为六类，即工业、商业、金融业、房地产业、公共事业和综合类，同时计算和公布各分类股价指数。

二、行业的市场类型分析

行业的市场结构随产业中企业的数量、产品的性质、价格的制定和其他因素的变化而变化，一般分为完全竞争、垄断竞争、寡头垄断、完全垄断四种。

（一）完全竞争市场情形

完全竞争市场的特点是：

（1）企业众多，各种生产资料可以完全流动。

（2）生产的产品不论是有形的或无形的，都是同质的，无差别的。

（3）由于企业众多和产品的同质性，因此没有一个企业能够影响产品的价格。

（4）企业永远是价格的接受者而不是价格的制定者。

（5）企业的盈利基本上由市场对产品的需求来决定。

（6）企业和消费者对市场情况非常了解，并可自由进入或退出这个市场。

（二）垄断竞争市场情形

垄断竞争是指许多生产者生产同种但不同质产品的市场情形。垄断竞争市场的特点是：

（1）生产者众多，各种生产资料可以流动。

（2）生产的产品同品种但不同质，即产品之间存在差异，这种产品之间存在的实际或想象上的差别，是垄断竞争与完全竞争的主要区别。

（3）由于产品差异性的存在，生产者可以借此树立自己产品的信誉，从而对其产品的价格有一定的控制能力。

在国民经济各行业中，制成品的市场一般都属于这种类型。

（三）寡头垄断市场情形

寡头垄断是指相对于少量生产者在差别很少或没有差别的某些产品的生产中以及具有某些差别的产品生产中占据很大市场份额的情形。在这些市场上，由于这些少数生产者的产量非常大，因此它们对市场的价格和交易具有一定的垄断能力。此外，由于只有少量的生产者生产同一种产品，因此每个生产者的价格政策和经营方式及其变化都会对其他生产者产生重大的影响。所以，在这个市场上存在一个起带头作用的企业，其他企业则随着该企业的定价与经营方式的变化而相应地进行某些调整。

一些资本密集型、技术密集型的行业，如钢铁、汽车等，以及少数储量集中的矿产品，如石油等的市场类型多属此类。因为生产这些产品所必需的巨额投资、复杂的技术或产品储量的分布限制了新企业对这个市场的进入。

（四）完全垄断市场情形

完全垄断是指独家企业生产某种特质产品的情形。特质产品是指那些没有或缺少相近的替代品的产品。完全垄断可以分为两种类型：一种是政府完全垄断，如国营铁路、邮电等部门；另一种是私人完全垄断，如根据政府授予的特许专营权或根据专利权产生的独家经营，以及由于资本雄厚、技术先进而建立的排他性私人垄断经营。

完全垄断类型市场的特点是：

（1）由于市场被独家企业所控制，产品又没有或缺少合适的替代品，因此垄断者能够根据市场的供需情况制定理想的价格和产量，在高价少销、低价多销之间进行选择，以获取最大的利润。

（2）垄断者在制定产品价格与生产数量方面的自由性是有限度的，它要受到反垄断法和政府管制的约束。政府为了公众的利益和维护正常的经济秩序，通常只允许其获得正常的利润，而限制其获得额外的利润。

在现实经济生活中，一些公用事业如煤气公司、自来水公司等，以及某些资本、技术高度密集型或稀有资源的开采等行业属于这种完全垄断的市场类型。行业市场结构区别见表3-1。

表3-1 行业市场结构区别

市场类型	厂商数量	产品性质	典型部门	价格控制	新厂商进入	短期超额利润	长期超额利润
完全竞争	很多	无差别	农业	无	容易	有	无
垄断竞争	较多	有差别	轻工业	有一些	较易	有	无
寡头垄断	几家	有或无	重工业	有一些	不易	一般有	一般有
完全垄断	一家	独特	公用事业	很大	很难	有	有

三、行业周期性分析

各行业的发展趋势与国民经济总体的周期变动有关，但是关系密切的程度不一样。因此，可以将行业分为以下三类：

（一）增长型行业

增长型行业的运动状态与经济活动总水平的周期及其振幅无关。这些行业收入增长的速度相对于经济周期的变动而言，并没有同步，因为它们主要依靠技术进步、新产品退出及更优质的服务，才呈现出增长状态。

（二）周期型行业

周期型行业的运动状态直接与经济周期相关。当经济处于上升期时，这些行业会随其扩张；而当经济衰退时，这些行业也会相应衰退，如珠宝行业、耐用品制造业及其他依赖需求收入弹性的行业。

（三）防御型行业

防御型行业运动状态的存在是因为其行业的产品需求相对稳定，其特征是受经济周期的影响比较小，不会因为经济周期变化而出现大幅度变动，甚至在经济衰退时也能取得稳步发展。这些行业的产品往往是生活必需品或是必要的公共服务，公众对其产品有相对稳定的需求，因而盈利水平相对稳定，如食品业、药品业、公共事业等。

教学互动3-3

在这种分类方式下，投资者应该选择哪些产业进入？

四、行业生命周期分析

行业生命周期是每个产业都要经历的一个由成长到衰退的演变过程，是指从产业出现到完全退出社会经济活动所经历的时间。一般分为初创阶段、成长阶段、成熟阶段和衰退阶段四个阶段（如图3-4所示）。

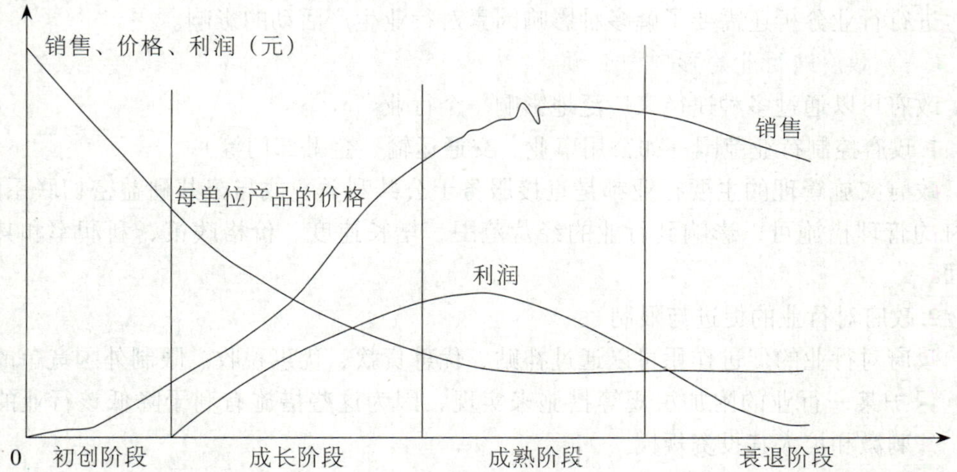

图3-4　行业生命周期图

（一）初创阶段

这一时期的市场增长率较高，需求增长较快，技术变动较大，行业中的用户主要致力于开辟新用户、占领市场，但此时技术上尚有很大的不确定性，在产品、市场、服务等策略上有很大的发展空间，对行业特点、行业竞争状况、用户特点等方面的信息掌握得不多，企业进入壁垒较低。

（二）成长阶段

这一时期的市场增长率很高，需求高速增长，技术渐趋定型，行业特点、行业竞争状况及用户特点已比较明朗，企业进入壁垒提高，产品品种及竞争者数量增多。

（三）成熟阶段

这一时期的市场增长率不高，需求增长放缓，技术上已经成熟，行业特点、行业竞争状况及用户特点非常清楚和稳定，买方市场形成，行业盈利能力下降，新产品和产品的新用途开发更为困难，行业进入壁垒很高。

（四）衰退阶段

这一时期的市场增长率下降，需求下降，产品品种及竞争者数目减少。从衰退的原因可将其分为资源型衰退、效率型衰退、收入低弹性衰退、聚集过度性衰退四类。

行业生命周期在运用上有一定的局限性，因为生命周期曲线是一条抽象化了的典型曲线，各行业按照实际销售量绘制出来的曲线绝不是这样光滑规则的。而且，有时要明确地确定行业发展处于哪一阶段是非常困难的，识别不当，容易导致战略上的失误。

教学互动3-4

请你对处于行业不同生命周期的企业分别举例，并阐明原因。

五、行业发展的影响因素

进行行业分析还需要了解多种影响因素对行业生产活动的影响。

（一）政府对行业的影响和干预

政府可以通过多种途径来广泛地影响一个行业。

1.政府控制行业范围（如公用事业、交通运输、金融部门等）

政府实施管理的主要行业都是直接服务于公共利益，或与公共利益密切联系的。政府的管理措施可以影响到行业的经营范围、增长速度、价格政策、利润率和其他方面。

2.政府对行业的促进与限制

政府对行业的促进作用可以通过补贴、优惠贷款、优惠税收、限制外国竞争的关税、保护某一行业的附加法规等措施来实现，因为这些措施有利于降低该行业的成本，并刺激和扩大其投资规模。

3.政府的反垄断措施

政府除了对上述国计民生的重要行业进行直接管理外，通常还制定相关反垄断法来间接地影响其他行业。

（二）社会倾向对产业的影响

在当今社会，消费者和政府越来越强调经济行业所应担负的社会责任，越来越注意工业化给社会所带来的种种影响。这种日益增强的社会意识对许多行业已经产生了明显的作用。

（三）技术进步的影响

科学技术的应用可以推动新兴行业的生长和发展。科学技术的发展推动了经济发展和社会进步，带来生产方式、营销方式和管理方式的深刻变化，也必然导致新兴行业的兴起和落后行业的消亡。投资者需要充分了解各种行业技术发展的状况，不断考察行业的发展前途，分析其被优良产品或消费需求替代的趋势。

（四）相关产业变动的影响

相关产业是指和本行业具有投入品提供关系、产品替代或互补关系的行业。由于本行业和相关行业间的密切关系，决定了相关行业的变动必然会影响到本行业股票的价格。

当相关行业的产品是本行业产品生产的投入品时，如果相关行业提高产品价格，会使本行业的生产成本上升，利润下降，从而使股票价格下跌；反之，则使本行业股票价格上涨。

当相关行业的产品是本行业产品的替代品时，如果相关行业产品价格上涨，会使本行业产品市场需求增加，市场销售量扩大，盈利提高，从而使股票价格上涨；反之，则可能使本行业的股票价格下跌。

当相关行业的产品和本行业产品存在互补关系时，那么相关行业的发展将会有助于本行业的发展。本行业的股票价格将和相关行业股票的价格发生联动。

（五）股票市场中的“板块效应”

微课3-2

一分钟教你读懂题材股

股票市场的“板块效应”是我国证券市场的特殊现象，风靡整个证券市场。所谓的板块效应是指同一板块的股票涨跌相互影响，同一板块内的股票之间因为具有同一特点或同一题材而具有有机的联系，在市场运行中因这种“板块结构”形成的“板块联动”，要升同升，要跌同跌，称之为“板块效应”。而股票板块指的是一些股票组成的小集团，这些股票因为有某一共同特征而被人为地分类在一起，而这一特征往往是被所谓股市庄家用来进行炒作的题材。比如，近几年炒得最热的甲流板块，华兰生物的上涨带动其他生物制药股票的上行，其实生产甲流疫苗的只有华兰生物等一两家公司，但其他股票也会一起上涨，这就是“板块效应”的作用。同样，万科A段的下挫也带动其他地产股的下行，这也是“板块效应”的表现。

实践训练

一、实训项目

阅读“十四五”规划，收集国家“十四五”规划的产业政策，预测这些行业的发展趋势，分析“十四五”规划对其股价的影响。

二、实训目的

探究行业运行的内在经济规律，分析判断行业因素对股价的影响。

三、实训步骤

1.将本班学生分成几个金融活动小组，以金融活动小组为单位，对实训题目进行分析和讨论。

2.教师巡视课堂与学生进行互动，并进行适当引导，之后各金融活动小组选派一名代表将分析结果向全班进行陈述。

3.全班同学以自由发言的形式对各小组的发言进行讨论，教师进行点评。

阅读资料如下：

2021年3月11日，十三届全国人大四次会议表决通过了关于国民经济和社会发展第十四个五年规划和2035年远景目标纲要的决议。《中华人民共和国国民经济和社会发展第十四个五年规划和2035年远景目标纲要》（以下简称“十四五”规划）指出，“十四五”时期经济社会发展主要目标：经济发展取得新成效；改革开放迈出新步伐；社会文明程度得到新提高；生态文明建设实现新进步；民生福祉达到新水平；国家治理效能得到新提升。其中，第三篇第九章的主要内容为：发展壮大战略性新兴产业。着眼于抢占未来产业发展先机，培育先导性和支柱性产业，推动战略性新兴产业融合化、集群化、生态化发展，战略性新兴产业增加值占GDP比重超过17%。

第一节　构筑产业体系新支柱

聚焦新一代信息技术、生物技术、新能源、新材料、高端装备、新能源汽车、绿色环保以及航空航天、海洋装备等战略性新兴产业，加快关键核心技术创新应用，增强要素保障能力，培育壮大产业发展新动能。推动生物技术和信息技术融合创新，加快发展生物医药、生物育种、生物材料、生物能源等产业，做大做强生物经济。深化北斗系统推广应用，推动北斗产业高质量发展。深入推进国家战略性新兴产业集群发展工程，健全产业集群组织管理和专业化推进机制，建设创新和公共服务综合体，构建一批各具特色、优势互补、结构合理的战略性新兴产业增长引擎。鼓励技术创新和企业兼并重组，防止低水平重复建设。发挥产业投资基金引导作用，加大融资担保和风险补偿力度。

第二节　前瞻谋划未来产业

在类脑智能、量子信息、基因技术、未来网络、深海空天开发、氢能与储能等前沿科技和产业变革领域，组织实施未来产业孵化与加速计划，谋划布局一批未来产业。在科教资源优势突出、产业基础雄厚的地区，布局一批国家未来产业技术研究院，加强前沿技术多路径探索、交叉融合和颠覆性技术供给。实施产业跨界融合示范工程，打造未来技术应用场景，加速形成若干未来产业。

资料来源：佚名.中华人民共和国国民经济和社会发展第十四个五年规划和2035年远景目标纲要［EB/OL］.［2021-03-13］. https://baike.sogou.com/v202737850.htm?fromTitle=十四五规划.

任务四　公司分析

证券投资基本分析的微观分析，即公司分析，主要是利用公司的历年材料对其资本结构、财务状况、经营管理水平、盈利能力、竞争能力等进行具体细致的分析，同时要将该公司的状况与其他同类型公司进行比较、与本行业的平均水平进行比较、与本公司的历史情况进行比较，才能得出较为客观的结论。

知识准备

一、公司竞争力分析

公司要在行业中保持盈利，就要有持久的竞争优势。在行业中的综合排序以及产品的市场占有率决定了公司在行业中的竞争地位。行业中的优势企业在行业中处于领导地位，就会在产品价格方面有很强的竞争力，进而拥有高于行业平均水平的盈利水平。竞争优势可归纳为低成本与差异性。竞争优势的两种基本形式与企业寻求获取这种优势的活动范围相结合，就可以得到三种基本的竞争战略，见表3-2。

表3-2　企业竞争战略

1.成本领先	2.差异化
3a.成本集聚	3b.差异集聚

（一）成本领先

企业的目标就是成为行业中的低成本生产厂商。比较典型的例子就是我们生活中的义乌小商品，同样功能以低价取胜。还有我们平时使用的小米电器等，将价格把控到极致。

（二）差异化

企业力求满足被行业内许多客户视为重要的一种或多种特质，并在此方面独树一帜，从而获得超过行业平均水平的收益。比如，苹果系统和安卓系统的不同，使得二者之间无法替代。

（三）集聚战略

目标集聚战略着眼于行业内一个狭小的空间，即选择行业内一个或一组细分市场，并使其战略为它们服务而不是为其他细分市场服务。

二、公司基本面分析

（一）公司经济区位

经济区位是指地理范畴上的经济增长带或经济增长点及其辐射范围。区位是资本、技术和其他经济要素高度积聚的地区，也是经济快速发展的地区。我们通常所说的美国的硅谷高新技术产业区等就是经济区位的典型例子。经济区位兴起与发展将极大地带动其周边地区的经济增长。经济区位内的自然和基础条件包括矿业资源、水资源、能源、交通等，如果上市公司所从事的行业与当地的自然和基础条件相符合，更利于促进其发展。区位内政府的产业政策对上市公司的发展也至关重要，当地政府根据经济发展战略规划，会对区位内优先发展和扶植的产业给予相应的财政、信贷及税收等方面的优惠政策，相关产业内的上市公司得到政策支持的力度较其他产业大，有利于公司进一步的发展。

（二）公司产品

公司可以提供的产品或服务是公司盈利的来源。产品竞争能力、市场份额、品牌战略等的不同，通常会对其盈利能力产生比较大的影响。一般而言，公司的产品在成本、技术、质量方面具有相对优势，更有可能获取高于行业平均盈利水平的超额利润，产品市场占有率越高，公司的实力越强，其盈利水平也越稳定。品牌已成为产品质量、性能、可靠性等方面的综合体现，拥有品牌优势的公司产品往往能获取相应的品牌溢价，盈利能力也高于那些品牌优势不突出的产品。分析预测公司主要产品的市场前景和盈利水平趋势，能够帮助投资者更好地预测公司未来的成长性和盈利能力。

（三）公司经营战略与管理层

公司的经营战略是对公司经营范围、成长方向、速度以及竞争对策等的长期规划，直接关系着公司未来的发展和成长。管理层的素质与能力对公司的发展也起着关键性作用，卓越的管理者能够带领公司不断进取发展。

投资者要寻找的优秀公司，必然拥有可长期持续的竞争优势，具有良好的长期发展前景。这也正是最著名的投资家巴菲特所确定的选股原则。以巴菲特投资可口可乐股票为例，他所看重的是软饮料产业发展的美好前景、可口可乐的品牌价值、长期稳定并能够持续增长的业务、产品的高盈利能力以及领导公司的天才经理人。

三、公司经营管理分析

（一）公司管理组织

公司管理组织包括决策层、管理层和执行层的素质与能力。

1.决策层

买股票就是买公司的未来，公司的未来则是由公司的领导层所决定的。决策层是企业最高的权力机构，应有明确的生产经营战略和良好的经济素养，他们应具备较高的企业管理能力和丰富的工作经验，有清晰的思维头脑和综合判断能力。他们必须具备较强的法治观念，严格按照我国的法律、法规、政策行事，能根据法律规范制定自己的生产经营策略和方向，有严明的组织纪律性，知人善用，坚持正确的经营方向。

2.管理层（高级、部门）

管理层可以分为高级管理与部门管理。管理层的素质与能力主要是指管理层的组织指挥能力、管理协调能力等。高级管理层人员应具有与该企业相关的技术知识，通晓现代化管理理论知识，有实际的管理经验，有较强的组织指挥能力，有扎实的廉政工作作风。

3.执行层

执行层，即公司的最基层。各部门的任务要由执行层人员动脑、动手操作实施，加以完成。对执行层人员的基本要求是：了解本岗位工作范围，严格执行操作程序，操作技术娴熟，热爱本职工作，能保质保量完成或超额完成生产经营指标，能提出合理化建议，遵守企业规章制度，团结同志，品行端正。

（二）公司合并

公司合并使公司的资本规模变大，达到发挥规模效益的水平，有利于增强公司的竞争力，提高公司地位。这属于长期利好因素，会促使股票价格呈现长期上涨趋势；公司资产重组的重要措施，通过合并可以盘活存量资产，提高公司资产的利用效率，促使股价上扬；也可能使公司的股票总额增大，由于股票供给增大而导致股价下跌。

（三）控股集团

控股集团是指通过持有某一公司一定数量的股份，而对该公司进行控制的公司。控股集团按控股方式分为纯粹控股公司和混合控股公司。纯粹控股公司不直接从事生产经营业务。控股集团不但拥有子公司在财政上的控制权，而且拥有经营上的控制权，并对重要人员的任命和大政方针的确定有决定权，甚至直接委派人员进行经营管理，也称之为母子公司制。

四、公司财务分析

公司财务分析是公司分析中最为重要的一环，一家公司的财务报表是其一段时间内生产经营活动的一个缩影，是投资者了解公司经营状况和对未来发展趋势进行预测的重要依据。

（一）公司主要的财务报表

财务报表是公司按照统一规定的财务制度或有关法律要求，根据日常核算资料定期编制的一整套报表的总称，是对公司一定时期内（半年或一年内）经营成果的综合反映。一般来说，上市公司公布的财务报表主要包括资产负债表、利润表和现金流量表。

1.资产负债表

资产负债表是反映公司在某一特定日期（如年末、季末、月末）财务状况的会计报表，也是公司资产、负债、股东权益的全面体现，是任何一家正规公司都必须制作的财务报表。通过资产负债表，投资者可以获得：（1）公司所掌握的经济资源及其分布与结构；（2）公司资金的来源构成，包括公司所承担的债务，以及所有者在企业所拥有的权益；（3）通过对资产负债表的分析，可以了解公司的财务实力、短期偿债能力和支付能力；（4）通过对各期资产负债表的对比分析，可以看出公司资本结构的变化情况以及公司财务状况的发展趋势。资产负债表由资产、负债和股东权益三部分组成。

只要公司正常经营，其资产负债中各部分之间的比例基本是一致的。上市公司往往通过虚构业务以及相匹配的收入、虚构业务过程进行财务造假。比如，成立多家空壳公司或利用关联交易，虚构经济业务；利用真实的客户和供应商造假，伪造交易合同及银行对账单；伪造银行对账单及资金出入凭证；使用大量的现金交易，让核查无据可循；伪造“真实的”现金流，如利用银行承兑汇票掩盖资金流转轨迹等。

2.利润表

利润表是反映公司在一定时期内（通常是一季度或一年内）经营成果及其分配情况的报表。利润表比较简单，主要阐明了公司从收入到利润的生成过程。利润表可以提供公司在一定时期内销售收入的取得、成本和费用的发生、利润或亏损的实际情况，还可以评估公司盈利水平，预测盈利趋势，分析公司利润增减变化原因，是一种动态财务报表。投资者通过利润表，主要分析公司费用是否过高，非主营收益比例是否过大，可以估计利润能否继续保持增长势头。

利润表由产品销售利润、营业利润、利润总额三个部分组成。其中，利润总额的公式为：

利润总额=营业利润+投资净收益+营业外收入–营业外支出

资产负债表与利润表是高度关联的。上市公司如果在利润表中虚增了利润，必然要在资产负债表中通过虚增资产来消化这部分利润。不少上市公司会通过虚增应收账款、存货、在建工程、固定资产和货币资金等项目来消化虚增的利润。

3.现金流量表

现金流量表是反映公司在一定会计期间内经营活动、投资活动和筹资活动产生的现金流入和现金流出情况的报表。现金流量是指公司现金和现金等价物的流入和流出。

现金流量表是比较重要也比较复杂的一张表，一般由五项组成，其中前三项是解读的重点，即经营、投资、筹资活动所产生的现金流量。现金流量表是以收付实现制为基础，真实地反映公司当期实现收入的现金、实际支出的现金、现金流入流出相抵后的净额，以此为基础，分析利润表中本期净利润与现金流量的差异，正确评价公司的经营成果。一般情况下，关注现金流量净额，即现金流入减去现金流出的差额部分。如果现金流量净额是负数，则需要格外关注，并找出相应的原因。

思政案例3–1

新潮能源股票索赔：再次涉嫌信披违法拟受罚　投资者索赔须知

2022年10月25日，山东新潮能源（2.510，–0.03，–1.18%）（维权）股份有限公司（以下简称新潮能源，证券代码：600777）发布公告称："公司收到中国证监会山东监管局（以下简称山东监管局）的《行政处罚事先告知书》（〔2022〕6号）。公司涉嫌信息披露违法违规一案，已由山东监管局调查完毕，山东监管局依法拟作出行政处罚。"

经查明，新潮能源涉嫌违法违规的事实如下：2017年6月27日，广州农商行、华翔投资分别与国通信托签订《国通信托·华翔北京贷款单一资金信托合同》《信托贷款合同》。新潮能源与广州农商行签订《差额补足协议》，约定无论何种原因导致广州农商行在任一信托合同约定的核算日（含利息分配日、本金还款日以及信托提前终止日）未能足额收到信托合同约定的投资本金或收益时，新潮能源应向广州农商行承担差额补足义务。对于上述事项，新潮能源未及时予以披露，也未在2017年半年度报告和年度报告、2018年半年度报告和年度报告、2019年半年度报告和年度报告、2020年半年度报告中披露。直至广州农商行对新潮能源提起诉讼后，新潮能源才于2021年3月4日首次公告该事项的相关情况。

新潮能源未及时在定期报告中披露上述事项的行为，构成2019年《中华人民共和国证券法》第一百九十三条、第一百九十七条所述的违法情形。山东监管局拟决定：对新潮能源责令改正，给予警告，并处以100万元罚款。江苏博爱星律师事务所章祥兵律师表示，根据《中华人民共和国证券法》和最高人民法院最新司法解释，信息披露义务人违反法律、行政法规、监管部门制定的规章和规范性文件中关于信息披露的规定，构成虚假陈述的，受损投资者可以依法起诉索赔实际发生的损失，包括投资差额损失、投资差额损失部分的佣金和印花税。

资料来源：佚名. 新潮能源股票索赔：再次涉嫌信投违法拟受罚　投资者索赔须知［EB/OL］.［2022-10-25］. https://finance.sina.cn/stock/ssgs/2022-10-25/detail-imqqsmrp3685460.d.html.

思政意义及反思：

在进行上市公司基本面分析的教学过程中，培养学生的社会责任感。根据《中华人民共和国公司法》《中华人民共和国证券法》的相关规定，上市公司有信息披露义务，从上市到信息披露的过程中，上市公司都要按照法律规定履行自己的义务，本着诚实守信的原则公布公司的经营状况和相关信息，坚持以社会价值最大化为导向达到其融资目的。以此引导学生做讲诚信、守法规、有高度社会责任感的金融从业人员。

（二）财务报表分析

1.财务状况变动趋势

运用一定方法，根据公司一定时期的连续财务报表，比较各期有关项目的变化情况，以反映财务状况的变化性质及基本趋势。我们通常采用财务比率分析，用公司财务报表列示的项目关系来揭示公司目前的经营状况。

2.偿债能力

主要通过资产负债率、流动比率、速动比率等指标进行偿债能力的分析。

（1）流动比率，是指全部流动资产对流动负债的比率。流动比率的公式为：

流动比率=流动资产/流动负债

流动比率反映的是公司短期偿债能力，公司流动资产越多，流动负债越少，公司的短期偿债能力就越强。一般认为，流动比率应该大于2，在实际运用指标时，应当结合行业平均水平、公司近年来的流动比率进行比较。

（2）速动比率，是速动资产与流动负债的比率。所谓速动资产，是指可以立即用来偿付流动性负债的资产，即流动资产减去存货。速动比率的公式为：

速动比率=（流动资产-存货）/流动负债

速动比率反映的是流动资产扣除存货的公司短期偿债能力，因为存货在流动资产中的变现能力最差，一般认为速动比率应该大于1。

（3）已获利息倍数，又称利息保障倍数，是指企业支付利息和缴纳所得税前的收益与本期应付利息费用的比率。已获利息倍数的公式为：

已获利息倍数=息税前利润总额/利息支出=（利润总额+财务费用）/（财务费用中的利息支出+资本化利息）

已获利息倍数大，说明公司的偿债能力较强，持有公司中长期债券的投资者的安全系数较大，收益较有保证。如果已获利息倍数较小，说明公司利息负担较重，很有可能会过多地使用债权人资金，财务风险也相应增大。

3.营运能力

营运能力主要通过应收账款周转率、存货周转率来全面反映公司财务的流动性，以正确分析公司的营运能力。

（1）应收账款周转率。应收账款周转率的公式为：

应收账款周转率=主营业务收入/平均应收账款

其中，平均应收账款=（期初应收账款+期末应收账款）/2

应收账款周转率反映的是年度内应收账款转为现金的平均次数，用以衡量公司应收账款的变现能力。一般来讲，应收账款周转率越高，公司应收账款收回得越快。

（2）存货周转率，又称存货供应天数，是反映产品销售后应收账款收妥所需要的天数。存货周转率的公式为：

存货周转率=主营业务收入/平均存货

其中，平均存货=（期初存货+期末存货）/2

存货在流动资产中所占比重往往较大，因而其流动性对公司流动比率有很大的影响。存货周转率用于衡量存货变现能力的强弱。一般而言，存货周转率越大，存货周转速度越快，存货的占用水平越低，变现能力越强。

（3）总资产周转率，指的是企业投资的每一元资产在一年之内可产生多少销售额，从总体上反映了企业利用资产创造收入的效率。总资产周转率的公式为：

总资产周转率=销售收入/资产总额（次）

总资产周转率越高，说明公司投资发挥的效率越大，企业利润率也就越高；反之，则说明资产利用程度低，投资效益差。

4.盈利能力

（1）主营业务毛利率，是指企业的销售毛利与主营业务收入之比。主营业务毛利率的公式为：

主营业务毛利率=（主营业务收入-主营业务成本）/主营业务收入

主营业务毛利率表示每一元主营业务收入扣除主营业务成本后所带来的利润额。通过与行业平均毛利率的比较，从一定程度揭示公司的成本控制及定价策略。

（2）主营业务净利率，是指企业收入一元钱能净赚多少钱。主营业务净利率的公式为：

主营业务净利率=税后净收益/销售收入

主营业务净利率反映了公司主营业务收入的收益水平。一般而言，净利率越高，公司的盈利能力就越强。

（3）资产收益率（ROA），又称资产报酬率，用来衡量公司利用资产实现利润的情况，即每一元资产能获取多少净利润。资产收益率的公式为：

资产收益率=净利润/资产总额

资产收益率反映公司资产的综合利用效率，该比率越高，表明公司资产的利用效率越高，资产获利能力越强。

5.投资者获利能力

投资者获利能力主要通过股东权益获利能力、普通股获利能力、优先股获利保证程度、企业债券获利保障程度等来反映。

（1）每股净收益，指的是公司每年税后净利润在扣除优先股股息后所剩余额除以普通股股数。每股净收益的公式为：

每股净收益=（税后净收益-优先股股息）/发行在外的普通股股数

微课3-3

一分钟读懂每股净收益

每股净收益越大，意味着公司有潜力增发股利或增加资本金以扩大生产经营规模，而公司经营规模的扩大、预期利润的增长又会使公司股票市价稳步上升，从而使股东们获得资本收益。

（2）市盈率，又称本益比，表明投资者愿意为每一元公司净收益所支付的股票价格，相当于净收益的倍数。市盈率的公式为：

市盈率=每股市价/每股净收益

微课3-4

一分钟读懂市盈率

市盈率是投资者评估公司股票价值最常用的依据，它揭示了每股市价相当于每股净收益的倍数，表明公司需要积累多少年的净收益才能达到目前的股利水平。市盈率越高，说明公司的盈利能力相对较低或是股价偏高；反之，则相反。

（3）净资产倍率，是指每股股价与每股净值的比值，表明股价以每股净值的若干倍在流通转让。净资产倍率的公式为：

净资产倍率=每股市价/每股净值

净资产倍率越小，说明股票的投资价值越高，股价的支撑越有保证；反之，则投资价值越低。这个指标同样是投资者判断股票投资价值的重要指标。

五、公司的重大事项分析

（一）投资项目对公司经营和业绩的影响

第一，投资项目与公司目前产品的关联度体现了公司采取何种经营战略，是进一步扩大生产规模，降低生产成本，还是进行技术创新，提高产品竞争力。

第二，如果投资项目是新产品，需进一步分析该产品的市场前景，并从其技术含量、进入壁垒等方面分析投资项目的市场竞争优势。

第三，分析投资项目在建设期和回收期的现金流，特别是投资项目的后续资金来源问题、对公司财务状况的影响、公司进一步筹资的能力等。

第四，对投资项目的定量分析，一般使用两类指标：一是贴现指标，主要包括净现值、现值指数、内含报酬率等；二是非贴现指标，包括回收期、会计收益率等。

第五，可以对投资项目的风险进行定性和定量分析。

（二）资产重组对公司经营和业绩的影响

第一，对扩张型资产重组而言，通过收购、兼并，对外进行股权投资，公司可以拓展产品市场份额，或进入其他经营领域。但这种重组方式的特点之一就是其效果受被收购、兼并方生产及经营现状影响较大，磨合期较长，因而见效可能较慢。

第二，着眼于改善上市公司经营业绩、调整股权结构和治理结构的调整型公司重组和控制权变更型重组，成为我国证券市场最常见的资产重组类型。

第三，对调整型资产重组而言，分析资产重组对公司业绩和经营的影响，首先须鉴别“报表性重组”和“实质性重组”。区分报表性重组和实质性重组的关键是看有没有进行大规模的资产置换或合并。实质性重组一般要将被并购企业50%以上的资产与并购企业的资产进行置换，或双方资产合并；而报表性重组一般都不进行大规模的资产置换或合并。

第四，2000年6月，中国证监会颁布了《关于规范上市公司重大购买或出售资产行为的通知》（证监公司字〔2000〕75号），规定上市公司购买或出售资产占上市公司总资产70%以上的，完成重组一年后，可以申请增发新股或配股。这一政策为实质性重组的上市公司融资和发展创造了更好的环境。

第五，报表性重组在短期内提高报表收益的途径有：一是巧妙运用会计政策增加重组公司的报表收益；二是在企业的重组并购公告中，并购后将享受重组优惠。

（三）关联交易对公司业绩和经营的影响

第一，从理论上来说，关联交易属于中性交易，它既不属于单纯的市场行为，也不属于内幕交易的范畴，其主要作用是降低企业的交易成本，促进生产经营渠道的畅通，提供扩张所需优质资产，有利于实现利润的最大化等。

第二，在经营活动中的关联交易中，如果交易价格不能按照市场价格来确定，就有可能成为利润调节的工具。

第三，资产重组中的关联交易对上市公司经营和业绩的影响需要结合重组目的、重组所处的阶段、重组方的实力、重组后的整合作具体分析。资产重组类股票的投资不确定性较高，而带有关联交易性质的资产重组，由于其透明度较低，更需要进行较长时期的跟踪分析。

第四，在分析关联交易时尤其要注意关联交易可能给上市公司带来的隐患，如资金占用、信用担保、关联购销等。证券投资分析师在分析关联交易时，尤其应关注交易价格的公开性、关联交易占公司资产的比重、关联交易的利润占公司利润的比重，以及关联交易的披露是否规范等事项。

（四）会计和税收政策的变化对公司经营和业绩的影响

1.会计政策变更

会计政策变更，是指公司对相同的交易或事项由原来采用的会计政策改用另一种会计政策的行为。比较常见的会计政策变更有：公司对被投资单位的股权投资在成本法和权益法核算之间的变更、坏账损失的核算在直接转销法和备抵法之间的变更、外币折算在现行汇率法和时态法或其他方法之间的变更等。会计政策变更涉及会计收益或兼用发生变化的，必然会影响公司会计利润发生增减变化，但是否调整所得税，不能以公司会计利润的变动为判断标准，而应以会计政策的变更是否引起应纳税所得额发生增减变动为判断标准。

2.税收政策变更

税收政策变更也将对上市公司的业绩产生一定的影响。例如，增值税的出口退税，对出口比重较大的上市公司来说，会对经营产生明显有利的影响，使“现金流量表”中的“经常活动产生的现金流量净额”有一个正增加；同时，使“利润及利润分配表”中的主营业务收入增加。

实践训练

一、实训项目

通读上市公司——格力电器近两年的财务指标（证券代码000651）。

二、实训任务

读懂年度财务指标。

三、实训目标

通过上网查找格力电器近两年的财务指标，运用课上所学到的财务比率进行计算，分析判断未来格力电器的投资价值，加深对证券投资微观分析的理解。

四、实训步骤

1.将本班学生分成几个金融活动小组，以金融活动小组为单位，对实训题目进行分组。

2.教师巡视课堂与学生进行互动，并进行适当引导，之后各金融活动小组选派一名代表将分析结果向全班进行陈述。

3.全班同学对格力电器的财务变化进行总结，形成报告。

项目小结

1.投资者进行投资所考虑的首要问题就是投资对象与投资时机的选择。宏观分析为证券投资提供了背景条件，据此可以确定总体投资的有利时机，而宏观经济分析的首要步骤就是熟悉反映宏观经济运行状况的各项指标，其次是对收集的数据资料进行处理，最后选择合适的分析方法预测未来行情走势。

2.行业分析与区域分析为证券投资提供了一个选择范围，投资者可以在增长型行业中选择具体的投资对象；通过了解行业本身所处的发展阶段及其在国民经济中的地位，分析影响行业发展的各种因素以及判断对行业的影响力度，预测并引导行业的未来发展趋势，判断行业投资价值，揭示行业风向，从而提供投资决策或投资依据。

3.公司分析是证券投资基础分析中最为重要的内容，它关系到投资的成败，通过公司分析方法，投资者能够筛选出有发展前途、有较好成长性、风险相对较小的公司。

此外，就投资者个人而言，宏观分析与中观分析难度较大，不具备分析基础，而相对简单、直接且行之有效的分析就是公司分析。

项目训练

一、单项选择题

1.以下不属于宏观分析经济运行指标的是（　　）。

A.国内生产总值　B.经济周期　C.通货膨胀　D.市场类型

2.通货膨胀对社会经济产生的影响主要有（　　）。

A.引起收入和财富的再分配　B.穷人更穷

C.富人更富　D.物价上涨

3.从利率的角度来分析，（　　）形成了利率下调的稳定预期。

A. 通货膨胀　B.通货膨胀率　C.通货紧缩　D.通货紧缩率

4.从长期投资的角度来判断上市公司的投资价值，主要是由（　　）决定的。

A.技术面　B.基本面　C.消息面　D.政策面

5.行业分析又称为（　　）。

A.宏观经济分析　B.微观经济分析　C.技术指标分析　D.中观经济分析

6.（　）方法不属于基本分析方法。

A.宏观分析　B.微观分析　C.量价分析　D.行业分析

7.中央银行的货币政策手段中，（　）是可灵活控制的手段。

A.法定存款准备金制度　B.再贷款和再贴现业务

C.公开市场业务　D.贷款的规模控制

8.公司市盈率的高低，主要取决于（　）。

A.每股税后盈利情况　B.投资项目的优劣

C.资本结构是否合理　D.市场风险大小

9.流动比率反映的是（　）。

A.短期偿债能力　B.长期偿债能力

C.流动资金周转状况　D.流动资金利用情况

10.根据资产负债表可进行（　）。

A.资产来源和资产结构分析　B.资金流动能力分析

C.经营成本结构分析　D.经营成果变动趋势分析

二、多项选择题

1.行业市场类型包括（　）。

A.完全竞争型　B.垄断竞争型　C.寡头垄断型　D.完全垄断型

2.行业生命周期包括（　）。

A.幼稚期　B.成长期　C.成熟期　D.衰退期

3.对流动比率表述不正确的是（　）。

A.流动比率越高越好

B.流动比率高，并不意味着企业一定具有短期偿债能力

C.不同企业的流动比率有统一的衡量标准

D.流动比率比速动比率更能准确地反映企业的短期偿债能力

4.在资产总额一定的条件下，企业速动资产过多不会（　）。

A.增加企业的财产风险　B.提高企业的机会成本

C.提高企业的流动资产收益率　D.降低企业的短期偿债能力

5.在下列选项中，针对中央银行资产项目的变动，导致商业银行准备金增加的是（　）。

A.中央银行给存款机构的贷款增加

B.中央银行出售证券

C.向其他国家中央银行购买外国通货

D.中央银行代表财政部购买黄金，增加金融证券储备

6.证券投资基本分析的方法包括（　）。

A.宏观分析　B.微观分析　C.技术分析　D.行业分析

7.在进行证券投资行业分析时，还需要注意的影响因素有（　）。

A.行业历史状况　B.技术变化　C.社会倾向　D.政府干预

8.以下选项中，对证券市场的股票价格有影响的是（　　）。

A.利率变动　　B.战争　　C.汇率变动　　D.通货膨胀

9.宏观经济变量可分为（　　）。

A.先行性指标　　B.滞后性指标　　C.同步指标　　D.历史指标

10.公司主要的财务报表分为（　　）。

A.资产负债表　　B.现金流量表　　C.利润表　　D.投资流量表

三、判断题

1.宏观经济分析是基本分析的重点。（　　）

2.基本分析认为，市场低于（或高于）内在价值之日，便是买（卖）机会到来之日。（　　）

3.以多元化证券组合来有效降低系统性风险是证券投资组合法运用的出发点。（　　）

4.公司提供的产品或服务是公司盈利的来源。（　　）

5.紧缩货币政策的手段主要是加强信贷控制。（　　）

6.国内生产总值的表现形态主要是产品。（　　）

7.在持续、稳定、高速的国内生产总值增长的情况下，证券市场将呈现上升趋势。（　　）

8.财政政策包括政府购买、税收和转移支付。（　　）

9.同业拆借利率是指银行同业之间的长期资金利率。（　　）

10.温和的通货膨胀是指年通胀率低于7%。（　　）

四、综合实训

通过本项目的学习，综合使用宏观分析、行业分析和公司分析的方法选择一只股票，对其进行基本面综合分析。

实训要求：

1.学生独立完成。

2.收集目标股票所在地区及行业的经济和政策因素，分析其宏观基础因素的变化是否对股市有影响；收集该股票所在行业的数据及相关产业政策，预测行业发展趋势；收集该股票的相关信息，并进行分析。

3.具体内容可参考：公司概况、行业背景、公司所处地位分析、重大经营情况、盈利预测、价值与风险评估、风险与不确定因素、投资建议等。

4.报告格式不固定，可调整内容顺序、增减相关内容。

项目四
证券投资技术分析

学习目标

知识目标

了解技术分析的理论基础、前提假设和类型；掌握K线、切线、形态和技术指标的制作方法和分析方法。

能力目标

能够使用K线理论、切线理论、形态理论和技术指标等理论对证券市场进行分析预测。

思政目标

引导学生树立“合规、诚信、专业、稳健”的证券行业文化理念；严格遵守证券投资顾问和证券分析师的执业行为准则。

证券市场的价格是复杂变化的，投资者在这个市场上进行投资时要有一套方法来制定或选择投资策略进行投资。证券技术分析是以预测市场价格变化的未来趋势为目的，通过分析历史图表对市场价格的运行进行分析的一种方法，证券技术分析是证券投资市场中非常普遍应用的一种分析方法。

任务一 技术分析的基本理论与类型

证券投资技术分析是根据证券市场行情和证券供求关系，分析、判断证券价格的变化趋势，从而决定证券买卖时机的分析方法。其特点是通过对市场过去和现在的行为，应用数学和逻辑上的方法，归纳总结出典型的行为，从而预测证券市场的未来变化趋势。市场行为包括价格的变化、发生这些变化所伴随的成交量，以及完成这些变化所需要的时间，因此作为一门经验之学的技术分析是建立在合理的假设之上的。

知识准备

一、技术分析的前提假设

微课 4-1

技术分析的前提假设

（一）市场行为包含一切信息

该假设是技术分析的基础。技术分析的投资者认为证券的市场价格由其供求关系所决定，而供求的形成取决于投资者对市场的预期，投资者所获得的全部信息均会反映在市场行为中。

这个假设有一定的合理性。影响证券市场价格的因素很多，是一个综合作用的结果，技术分析只关心这些因素对市场行为的影响效果，不关心其原因，采用基本分析法需要充分、准确的信息，然而现实中信息是非对称的，因而基本分析法在这方面无能为力，而技术分析可以弥补其缺陷。投资者只能从市场价格的异常走势中判断未知的信息，如股票价格跳空向上、放量上涨。

（二）价格沿趋势运行

该假设是技术分析中最根本、最核心的假设。证券的市场价格运行是有惯性的，有一定的规律，价格有保持原来方向的惯性。正因如此，投资者才会花大力气寻找价格变动的规律。其原因在于：在没有重大事件的影响下，价格运行一直沿趋势进行，市场参与者的观点不会被轻易改变。几乎所有的技术分析方法都是用来判断价格运行趋势的。

（三）历史会重演

该假设是从统计和人的心理因素方面考虑的。许多统计检验结果说明，历史会有惊人相似的一幕，但不会完全一样。投资者在某一场合得到某种结果，并在下一次碰到相同或相似的场合时，就会认为能够得到相同的结果，便会按同一方法进行操作；如果前一次失败了，后面这一次就不会按前一次的方法操作。

过去的结果是已知的，这个已知的结果应该是用现在对未来作预测的参考。对重复出现的某些现象的结果进行统计，得到成功和失败的概率，对具体的投资行为也是有好处的。

二、技术分析的要素

（一）价格和成交量

市场行为最基本的表现就是成交价和成交量。过去和现在的成交价和成交量涵盖了过去和现在的市场行为。在某一时点上的价和量反映的是买卖双方在这一时点上共同的市场行为，是双方的暂时均衡点，随着时间的变化，均衡会发生变化，这就是价量关系的变化。一般说来，买卖双方对价格的认同程度通过成交量的大小得到确认，认同程度高，成交量大；认同程度低，成交量小。

（二）时间和空间

时间在进行行情判断时有着很重要的作用，是针对价格波动的时间跨度进行研究的理论。一方面，一个已经形成的趋势在短时间内不会发生根本改变；另一方面，一个形成了的趋势又不可能永远不变，经过一定时间又会有新的趋势出现。空间在某种意义上讲，可以认为是价格的一方面，它指的是价格波动能够达到的从空间上考虑的限度。时间与空间是判断趋势转折的重要参考。

三、技术分析的分类

在价、量等历史资料基础上进行的统计、数学计算、绘制图表方法都是技术分析方法的主要手段。从这个意义上讲，技术分析方法可以有多种。不管技术分析方法是如何产生的，人们最关心的是它的实用性，因为我们的目的是用它来预测未来价格走势，从而为投资决策服务。所以，这里介绍的仅仅是比较常用和实用的一些技术分析方法。

（一）K线类

K线图是进行各种技术分析的最重要的图表。一天的K线形态有十几种，若干天的K线组合种类就无法计数了。人们经过不断地总结经验，发现了一些对股票买卖有指导意义的组合，而且新的研究结果正不断地被发现、被运用。K线最初由日本人发明，并在东亚地区广为流行，许多股票投资者进行技术分析时往往首先接触的是K线图。上证指数日K线图如图4-1所示。

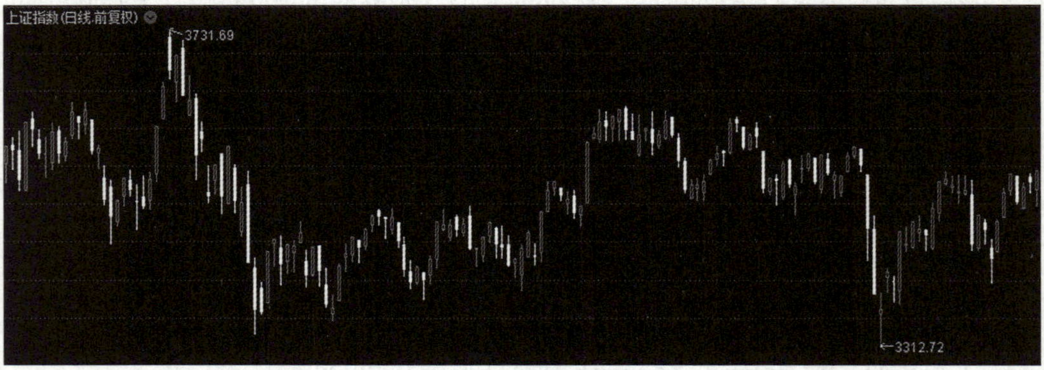

图4-1 上证指数日K线图

（二）切线类

切线类是按一定方法和原则在由股票价格的数据所绘制的图表中画出一些直线，然后根据这些直线的情况推测股票价格的未来趋势，这些直线就叫切线。切线主要是起支撑和压力的作用。支撑线和压力线的往后延伸位置对价格趋势起到一定的制约作用。切线的画法是最为重要的，画得好坏直接影响预测的结果。目前，切线的画法有很多种，主要有趋势线、通道线等，此外，还有黄金分割线、甘氏线、角度线等。

（三）形态类

形态类是根据价格图表中过去一段时间走过的轨迹形态来预测股票价格未来趋势的方法。技术分析第一条假设告诉我们，市场行为包括一切信息。价格走过的形态是市场行为的重要部分，是证券市场对各种信息感受之后的具体表现，用价格图的轨迹或形态来推测股票价格是有道理的。从价格轨迹中，我们可以推测证券市场处在一个什么样的大环境之中，由此对我们今后的投资给予一定的指导。主要的形态有M头、W底、头肩顶、头肩底等十几种。

（四）指标类

指标类要考虑市场行为的各个方面，建立一个数学模型，给出数学上的计算公式，得到一个体现证券市场的某个方面内在实质的数字，这个数字叫指标值。指标值的具体数值和相互间关系，直接反映证券市场所处的状态，为我们的操作行为提供指导方向。指标反映的东西大多是无法从行情报表中直接看到的。目前，证券市场上的各种技术指标数不胜数。例如，相对强弱指标（RSI）、随机指标（KD）、平滑异同移动平均线（MACD）、能量潮（OBV）、心理线（PSY）、乖离率（BIAS）等。这些都是很著名的技术指标，在证券市场应用中长盛不衰。而且，随着时间的推移，新的技术指标还在不断涌现。

四、技术分析的起源——道氏理论

（一）道氏理论的形成过程

道氏理论是所有市场技术研究的鼻祖，创始人是美国的查尔斯·亨利·道。为了反映市场总体趋势，他与爱德华·琼斯创立了著名的道琼斯平均指数。他们在《华尔街日报》发表有关证券市场的文章，经后人整理，成为我们今天看到的道氏理论。

尽管他的理论经常因为“反应太迟”而受到批评，有时还受到那些拒不相信其判定的人士的讥讽（尤其是在熊市的早期），但只要对股市稍有经历的人都对他有所听闻，并受到大多数人的敬重。但人们并不认为那是完全简单的、技术性的，那是根据股市本身的行为（通常用指数来表达），而不是基本分析人士所依靠的商业统计材料。

（二）道氏理论的基本要点

根据道氏理论，股票价格运动有三种趋势，其中最主要的是股票的基本趋势，即股价广泛或全面性上升或下降的变动情形。这种变动持续的时间通常为一年或一年以上，股价上升（下降）的幅度超过20%。对投资者来说，基本趋势持续上升就形成了多头市场，持续下降就形成了空头市场。

股价运动的第二种趋势称为股价的次级趋势。因为次级趋势经常与基本趋势的运动方向相反，并对其产生一定的牵制作用，所以也称之为股价的修正趋势。这种趋势持续的时间从3周至数月不等，其股价上升或下降的幅度一般为股价基本趋势的1/3或2/3。

股价运动的第三种趋势称为短期趋势，反映了股价在几天之内的变动情况。修正趋势通常由3个或3个以上的短期趋势所组成。

在三种趋势中，长期投资者最关心的是股价的基本趋势，其目的是想尽可能地在多头市场上买入股票，而在空头市场形成前及时地卖出股票。投机者则对股价的修正趋势比较感兴趣，他们的目的是获取短期的利润。短期趋势的重要性较小，且易受人为操纵，因而不便作为趋势分析的对象。人们一般无法操纵股价的基本趋势和修正趋势，只有国家的财政部门才有可能进行有限的调节。

（三）道氏理论的缺陷

一是道氏理论只能判断股市的大趋势，却不能判断大趋势中的升幅或者跌幅将会是何种程度。

二是道氏理论每次都要以两种指数互相确认，这样做已经慢了半拍，失去了最好的入货和出货机会。

三是道氏理论对选股没有帮助。

四是道氏理论注重长期趋势，对中期趋势，特别是在不知是牛市还是熊市的情况下，不能带给投资者明确启示。

教学互动4-1

道氏理论属于定性分析还是定量分析？

五、技术分析方法的注意事项

（一）技术分析应当和基本分析配合使用

对于刚刚兴起的不成熟市场，由于市场突发消息较频繁，人为操纵的因素较大，因此仅靠过去和现在的数据、图表去预测未来是不可靠的，这方面的例子举不胜举。但是，不能因为技术分析在突发事件到来时预测受干扰就否定其功效，正如任何一种工具的使用都有其适用范围一样，不能因某种场合工具无用而责怪工具本身，扔掉工具更是不可取的。事实上，成功的关键在于不能机械地使用技术分析，除了在实践中不断修正技术分析外，还必须结合基本分析来使用技术分析。

（二）多种技术分析方法综合预测行情

投资者需要全面考虑技术分析的各种方法对未来的预测，综合这些方法得到的结果，最终得出一个合理的多空双方力量对比的描述。实践证明，单独使用一种技术分析方法有相当的局限性和盲目性。如果每种方法都得到同一结论，那么这一结论出错的可能性就很小，这是已经被实践证明了的真理。如果是仅靠一种方法得到的结论，那么出错的可能性就会很大。为了减少自己的失误，需尽量多掌握一些技术分析方法，掌握得越多越有好处。

（三）使用别人的结论必须经实践验证

由于股票市场能给人们带来巨大的收益，因此研究股票的人层出不穷，分析的方法各异，使用同一分析方法的风格也不同。就如同一把同样的刀，不同的人有不同的使用方法一样。前人的结论是在一定的条件和特定环境中得到的，随着环境的改变，前人成功的方法落到自己头上有可能会失败。

教学互动4-2

如何选择具体的投资标的物？介入时机如何把握？

思政案例4-1

又一首席分析师被监管约谈，研报发布监管更从严！

上海证监局2020年11月发布关于对申万宏源证券采取责令改正措施的决定，经查，申万宏源证券子公司申万宏源研究所开展发布证券研究报告业务，但未对研究所署名证券分析师刘洋在冠以公司名称的公众号上发布的某篇证券研究报告进行发布前的质量控制和合规审查。

上海证监局认为，上述行为不符合《发布证券研究报告暂行规定》第十条的规定，违反了《证券公司和证券投资基金管理公司合规管理办法》第六条的规定。根据《证券公司和证券投资基金管理公司合规管理办法》第三十二条的规定，上海证监局决定对申万宏源证券采取责令改正的行政监管措施，并表示申万宏源证券应高度重视，充分吸取教训，持续完善内部控制，切实提高合规管理水平。

对于券商研报发布的合规性，监管仍从严。

在头部券商分析师被约谈背后，折射出监管层加大券商研报发布的合规性审核。从近年来各种行业规定来看，2019年1月，监管层向券商下发《加强发布证券研究报告业务流程管理规范证券分析师服务客户活动》的通报。通报列举了相关违规执业案例，并提出了监管要求，强调要加强研报发布规范。

此外，2020年5月22日，中证协宣布，为加强对发布证券研究报告业务自律管理，促进证券研究业务健康发展，协会组织对《发布证券研究报告执业规范》《证券分析师执业行为准则》进行了修订，自2020年6月21日起实施。

中证协明确，证券公司要加强研究报告质量管控，提升研究报告质量。例如，证券分析师在引用信息和数据来源时，应对引用信息和数据来源进行核实，审慎使用，且研报中不得有“低俗”“煽动性”词语。

此外，财联社记者2020年曾报道，包括申万宏源证券、中信建投等在内的多家券商已经关闭了分析师的个人微信公众号。有行业人士表示，这和中证协对券商研究业务新媒体管理端有着严格的规范要求，以及前述提到的《发布证券研究报告执业规范》《证券分析师执业行为准则》自2020年6月21日起实施有关。

资料来源：邹晨辉．研报发布监管更从严！又一首席分析师被监管约谈，违反研报发布审核流程，所在券商连带被罚［EB/OL］．［2021-06-23］．https://www.jiemian.com/article/6273066.html.

思政意义及反思：

通过对上述案例的学习，学生们要认识到在今后证券分析师和投资顾问的岗位上，应当具有严谨、认真、负责、专注、精益求精的工作态度，牢牢树立“合规、诚信、专业、稳健”的证券行业文化理念；严格遵守证券投资顾问和证券分析师的执业行为准则。

实践训练

一、实训项目

如何使用技术分析方法来选择股票?

二、实训目的

掌握技术分析方法的类型及其应用范围。

三、实训步骤

1.将本班学生分成几个金融活动小组，以金融活动小组为单位，对实训题目进行分析和讨论。

2.教师巡视课堂与学生进行互动，并进行适当引导，之后各金融活动小组选派一名代表将分析结果向全班进行陈述。

3.全班同学以自由发言的形式对各小组的发言进行讨论，教师进行点评。

任务二 K线分析

K线图有直观、立体感强、携带信息量大的特点，蕴涵着丰富的东方哲学思想，能充分显示股价趋势的强弱、买卖双方力量平衡的变化，预测后市走向比较准确，是各类传播媒介、计算机实时分析系统应用较多的技术分析手段。在实际应用中，投资者应配合其他分析方法综合研判证券市场的行情。

知识准备

一、认识K线的组成

K线是一条柱状的线条，由影线和实体组成。影线在实体上方的部分叫上影线，下方的部分叫下影线。实体表示一日的开盘价和收盘价，上影线的上端顶点表示一日的最高价，下影线的下端顶点表示一日的最低价。根据开盘价和收盘价的关系，K线又分为阳（红）线和阴（黑）线两种，收盘价高于开盘价时为阳线，收盘价低于开盘价时为阴线（如图4-2所示）。

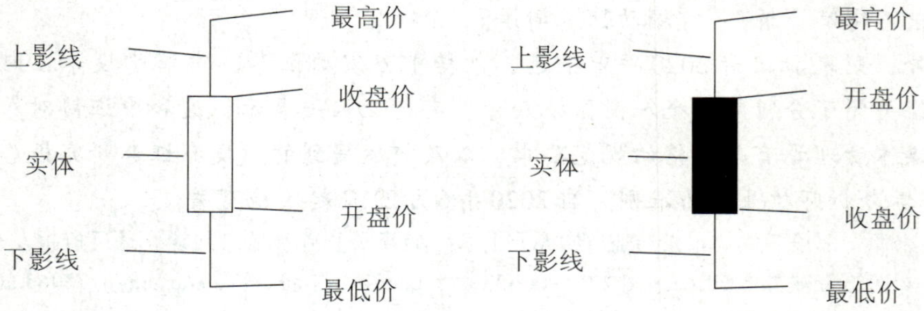

图4-2 K线示例[①]

① 说明：本项目涉及的所有图形均为作者制作。

二、K线的基本形状

（一）秃头阳线和秃头阴线（如图4-3所示）

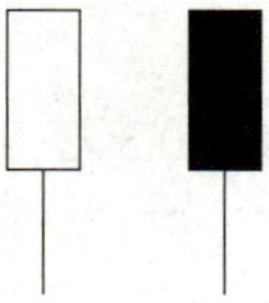

这是没有上影线的K线。当收盘价（阳线）或开盘价（阴线）正好与最高价相等时，就会出现这种K线

图4-3　秃头阳线和秃头阴线

（二）光脚阳线和光脚阴线（如图4-4所示）

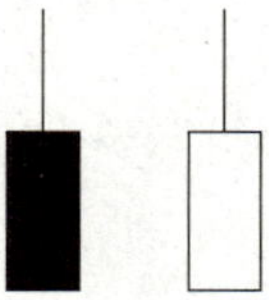

这是没有下影线的K线。当收盘价（阴线）或开盘价（阳线）正好与最低价相等时，就会出现这种K线

图4-4　光脚阳线和光脚阴线

（三）秃头光脚的阳线和阴线（如图4-5所示）

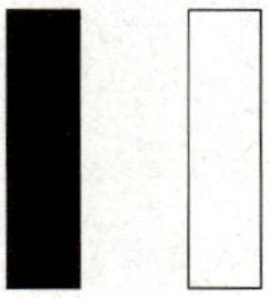

这种K线既没有上影线，又没有下影线。当开盘价和收盘价分别与最高价和最低价中的一个相等时，就会出现这种K线

图4-5　秃头光脚的阳线和阴线

（四）十字星（如图4-6所示）

当收盘价与开盘价相同时，就会出现这种K线，它的特点是没有实体

图4-6　十字星

（五）T字型和倒T字型（如图4-7所示）

这两种K线没有实体，而且没有上影线或者没有下影线，形状像英文字母T

图4-7　T字型和倒T字型

（六）一字型（如图4-8所示）

这是一种非常特别的形状，它的四个价格都一样，又称四价合一

图4-8　一字型

（七）有上下影线的阳线和阴线（如图4-9所示）

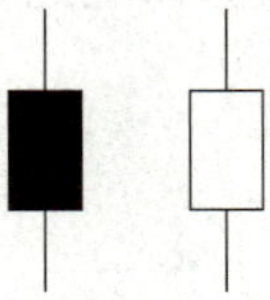

这是一类经常出现的K线，它的四个价格都不一样，既有上下影线，又有实体

图4-9　有上下影线的阳线和阴线

课堂训练4-1

微课4-2

K线的制作

通过观看学习微课4-2，掌握K线的制作。

某股票的开盘价10元，最高价11元，最低价9.5元，收盘价10.5元，完成该股票当日K线图的制作（如图4-10所示）。

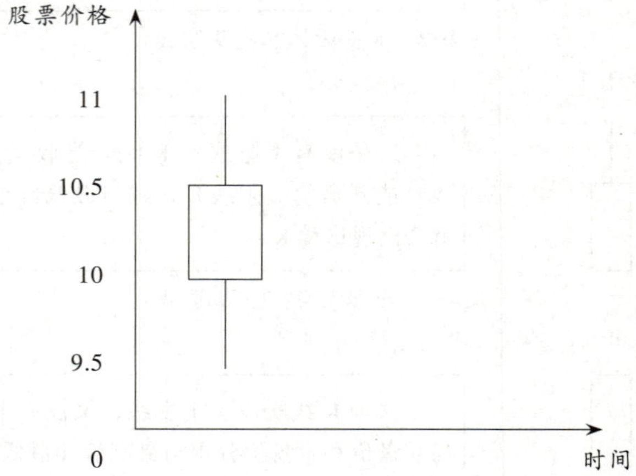

图4-10　有上下影线的阳线

制作方法：

1.画出坐标图，并以开盘价为基准画出刻度，横坐标为时间，纵坐标为股票价格。

2.收盘价和开盘价决定实体的长度，最高价和最低价决定上影线和下影线的长度。

3.收盘价在开盘价上方为阳线，收盘价在开盘价下方为阴线。

三、K线的分析

一些典型的K线或K线组合，会不断地重复出现，如果你掌握了某些规律，将在很大程度上提高你的胜算。底部组合出现时，告诉你股价很快就会上升，要赶快建仓；顶部组合出现时，告诉你风险已加大，要及时获利了结。这里介绍一种全新的分析方法——合并K线分析法，可以让投资者迅速作出判断，掌握多根K线的分析方法。此方法的优点是不论图形组合多么复杂，只需记忆三大法则就能研判。分析K线的三大法则是：

法则一：如果上下影线相对于实体来说非常小，则可以忽略不计，分析的时候只看实体的长度。

法则二：指向一个方向的影线越长，越不利于股票价格今后向这个方向变动。

法则三：阴线实体越长，越有利于下跌；阳线实体越长，越有利于上涨。

课堂训练4-2

运用K线理论的方法预测证券行情。

这里以经常看到的“早晨之星”为例详细介绍。传统的分析方法是先记忆图形，然后记忆相关知识点进行分析。早晨之星（如图4-11所示），又称黎明之星、希望之星，这一组合是在阴线之后，下方先出现小阳线或小阳十字线，接着再出现跳空上升的一条大阳线。这一组合多出现在市场趋势久跌或久盘之后，这时下方出现的小阳线犹如市场人士心目中那久盼的启明星，随后出现有力上升的阳线，表明长夜已经过去，市势迎来光明。所以，早晨之星组合，成为市势反转上升的转点。

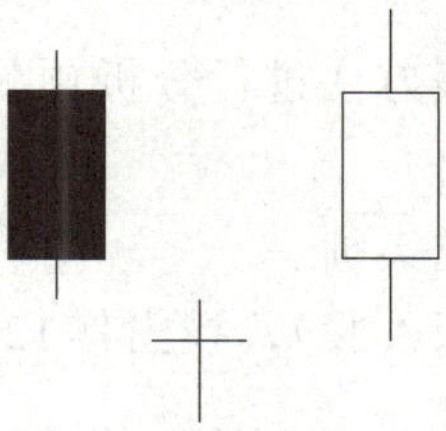

图4-11　早晨之星

对投资者而言，经常见到的K线组合有几百种，记忆起来确实比较困难，如果用合并K线分析法就相对容易了。首先是合并K线，也就是把图4-11的三根K线合并为一根K线，如图4-12所示。

图4-12　合并后的K线形态

然后，观察分析K线的形状，此K线无实体，其下影线的长度远远长于上影线，则根据法则二可以判断今后市场的行情上升。总之，无论K线组合多么复杂，考虑问题的方式是相同的，那就是首先合并分析的K线为一根，然后按照三大法则来判断多空双方的实力大小，从而得出结论。

案例分析4-1

以工商银行（601398）为例，该股2020年7月10日的周K线图（如图4-13所示）有何特点？其后走势有何特点？分析的理论依据是什么？

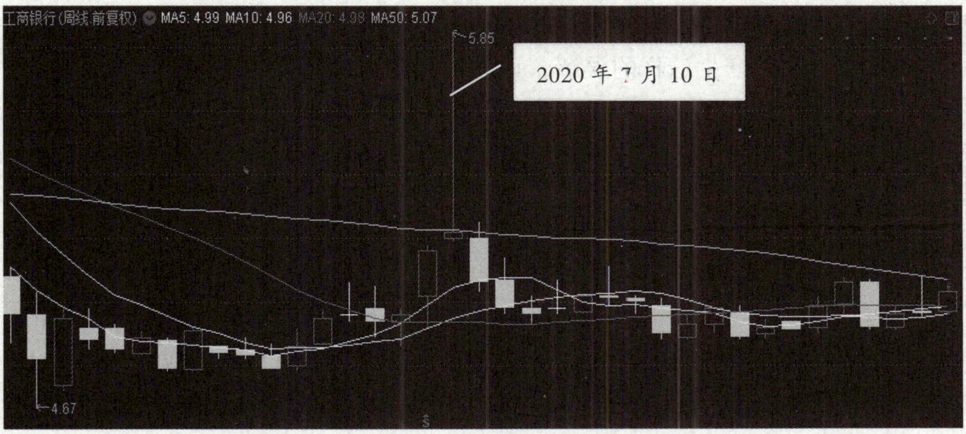

图4-13　工商银行周K线图

实践训练

一、实训项目

K线理论分析。

二、实训目的

熟练运用分析软件，使用K线方法进行分析预测。

三、实训要求

1. 学生使用分析软件独立完成实训。
2. 任意找出一只股票（限沪深A股），找出其12种基本形态。
3. 画出简图，标明日期。

任务三 切线分析

掌握切线理论首先要认识趋势，趋势就是价格的波动方向，也是证券市场运动的方向。若确定了是一段上升（或下降）的趋势，则价格的波动必然朝着这个方向运动。在上涨行情中，股价有时会下降，但不影响上涨趋势的大方向，不断出现的新高价会使偶尔出现的小幅度下跌忽略不计。在下跌行情中，股价不断出现新的低价会使投资者悲观失望，使股市萎靡不振。

知识准备

一、支撑线和压力线

（一）支撑线和压力线的定义

支撑线又称抵抗线，当股价跌到某个价位附近时，股价停止下跌，甚至有可能还有回升，这是由多方在此买入股票造成的，支撑线起阻止股价继续下跌的作用。这个起着阻止或暂时阻止股价继续下跌的价格的位置就是支撑线所在的位置。

压力线又称阻力线，当股价上涨到某价位附近时，股价会停止上涨，甚至回落，这是由空方在此抛售股票造成的，压力线起阻止股价继续上升的作用。这个起着阻止或暂时阻止股价继续上升的价格的位置就是压力线所在的位置。

有些投资者往往产生这样的误解，认为只有在下跌行情中才有支撑线，只有在上升行情中才有压力线。其实，在下跌行情中也有压力线，在上升行情中也有支撑线。这是因为在下跌行情中，人们最关注的是跌到什么地方是个头，所以关注支撑线就多一些；同样，在上升行情中，人们更关注涨到什么地方是个头，所以关注压力线多一些。支撑线和压力线的简图如图4-14所示。

（二）支撑线和压力线的作用

支撑线和压力线会阻止或暂时阻止股价向一个方向继续运动。我们知道股价的变动是有趋势的，要维持这种趋势，保持原来的变动方向，就必须冲破阻止其继续向前的障碍。比如，要维持下跌行情，就必须突破支撑线的阻力和干扰，创造出新的低点；要维持上升行情，就必须突破压力线的阻力和干扰，创造出新的高点。

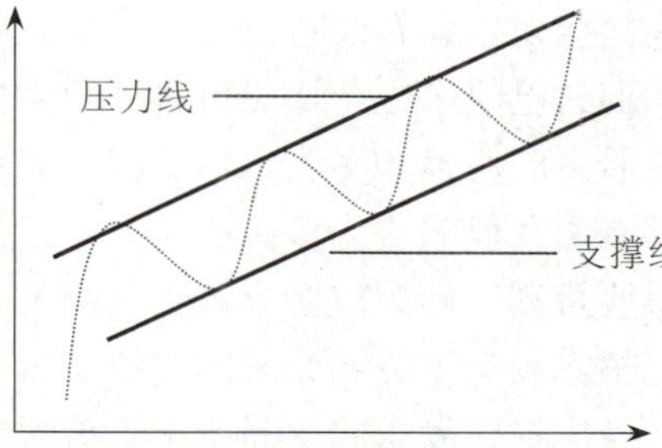

图4-14　支撑线和压力线

由此可见，支撑线和压力线迟早会有被突破的可能，它们不足以长久地阻止股价保持原来的变动方向，只不过是使之暂时停顿而已。同时，支撑线和压力线又有彻底阻止股价按原方向变动的可能。当一个趋势终结了或者说到头了，它就不可能创出新的低价和新的高价，这样支撑线和压力线就显得异常重要，与股票投资能否获得收益相关。在上升趋势中，如果股价在下一次未创新高，即未触及压力线，那么这个上升趋势就已经处于很关键的位置。当股价又向下突破了这个上升趋势的支撑线时，就产生了一个上升趋势将要结束的警告信号，通常意味着，这一轮上升趋势已经结束，股价将进入下跌通道。

同样，在下降趋势中，如果股价在下一次未创新低，即未触及支撑线，那么这个下降趋势就已经处于很关键的位置，当股价又向上突破了这个下降趋势的压力线时，就产生了一个下降趋势将要结束的警告信号，股价将进入上升通道。以思源电气（002028）2020年8月—2021年3月的行情为示例，如图4-15所示。

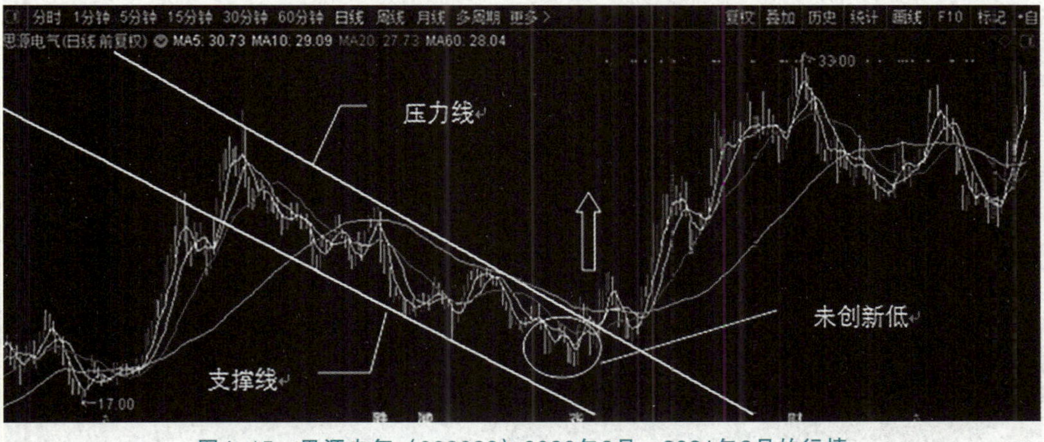

图4-15　思源电气（002028）2020年8月—2021年3月的行情

（三）支撑线和压力线的相互转化

支撑线和压力线主要是从人的心理因素方面来考虑的，两者的相互转化也是从心理方面来考虑的。支撑线和压力线之所以能起支撑和压力作用，很大程度上是心理因素方面的原因，这就是支撑线和压力线理论上的依据。当然，心理因素不是唯一的依据，还可以找到别的依据，如历史会重演等，但心理因素是主要的理论依据。

一个市场中无外乎有三种人，即多头、空头和观望者。观望者又可分为持股者和持币者。假设股价在一个支撑区域停留了一段时间后开始向上移动，在此支撑区域买入股票的多头很肯定地认为自己对了，并对自己没有多买入些而感到后悔；在支撑区卖出股票的空头这时也意识到自己错了，希望股价再跌回卖出区域，将原来卖出的股票补回来；而观望者中的持股者的心情和多头相似；持币者的心情和空头相似。无论是这四种人中的哪一种，都有买入股票成为多头的愿望。正是这四种人决定要在下一个买入的时机买入，才使得股价稍一回落就会受到大家的关心，他们或早或晚会进入股市买入股票，这就使价格根本没有下降到原来的支撑位置，上述四个新的买进大军自然又会把价格推上去。在该支撑区发生的交易越多，就说明越多的股票投资者在这个支撑区有切身利益，这个支撑区也就越重要。

接下来我们再假设，股价在一个支撑位获得支撑后，停留了一段时间开始向下移动，而不是像前面假设的那样向上移动。对于上升，由于每次回落都有更多的买入，因此产生新的支撑；而对于下降，跌破了该支撑，情况就截然相反。在该支撑区买入的多头意识到自己错了，而其他投资者都有抛出股票逃离目前市场的想法，因此一旦股价有回升，且尚未到达原来的支撑位，就会有一批股票抛压出来，再次将股价压低。以上的分析过程对于压力线也同样适用，只不过结论正好相反。

这些分析的附带结果是支撑和压力地位的相互转化。如上所述，一个支撑如果被突破，那么这个支撑将成为压力；同理，一个压力被突破，这个压力将成为支撑。这说明支撑和压力不是一成不变的，而是可以改变的，条件是它被有效的足够强大的股价变动突破。

支撑和压力相互转化的重要依据是被突破，怎样才能算被突破呢？用一个数字来严格区分突破和未突破是很困难的，没有一个明确的分界线。一般来说，穿过支撑线或压力线越远，突破的结论越正确，越值得我们相信，有几个数值得我们注意，3%、5%、10%和一些整数的价位。跌破这些数值，往往是我们改变看法的开始，3%、5%和10%是针对跌破支撑线或压力线的幅度而言的。3%——偏重于短线的支撑和压力区域，10%——偏重于长线的支撑和压力区域，5%介于这两者之间。整数价位主要是针对人的心理状态而言的，它更注重心理，而不是注重技术，4.99元与5.00元相差并不多，但4.99元给人的印象是跌破5元了，而5元还未跌破5元。以中国平安（601318）2020年9月—2021年6月的行情为示例，如图4-16所示。

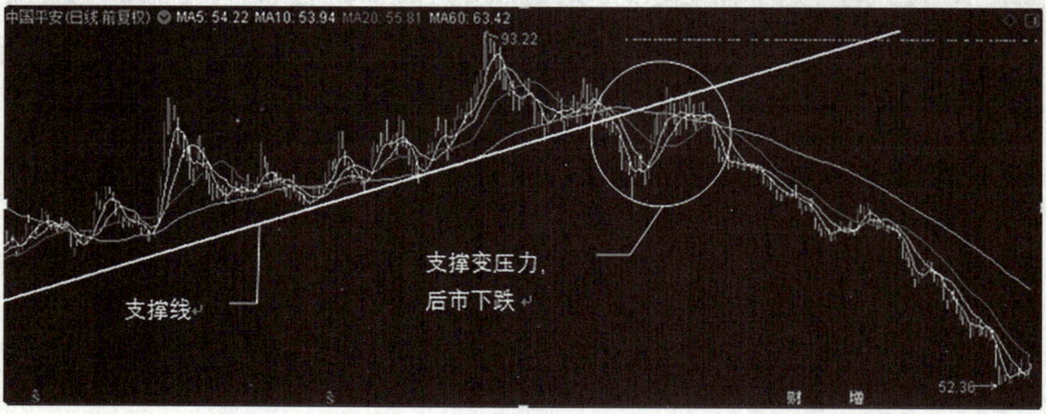

图4-16　中国平安（601318）2020年9月—2021年6月的行情

（四）确定有效的支撑线和压力线

每一个支撑线和压力线的确认都是人为进行的，主要依据是股价变动所画出的图表。一般来说，一个支撑线或压力线对当前时期影响的重要性从三个方面考虑：一是股价在这个区域停留时间的长短；二是股价在这个区域伴随的成交量大小；三是这个支撑或压力区域发生的时间距离当前日期的远近。很显然，股价停留时间越长，伴随的成交量越大，距离现在越近，则这个支撑或压力区域对当前的影响就越大；反之，则影响就越小。

上述三个方面是确认一个支撑或压力的重要识别手段。有时，由于股价的变动，会发现原来确认的支撑或压力可能不真正具有支撑或压力的作用。比如，当不完全符合上面所述的三条时，就涉及对支撑线和压力线进行调整的问题，即支撑线和压力线的修正。对支撑线和压力线的修正过程其实是对现有各个支撑线和压力线的重要性的确认。每个支撑和压力在人们心目中的地位是不同的。股价到了这个区域，你心里清楚，它很有可能被突破，而到了另一个区域，你心里明白，它则不容易被突破。这为人们买卖股票提供了一些依据，不至于仅凭直觉进行买卖决策。以永东股份（002753）2020年3月—2020年8月的行情为示例，如图4-17所示。

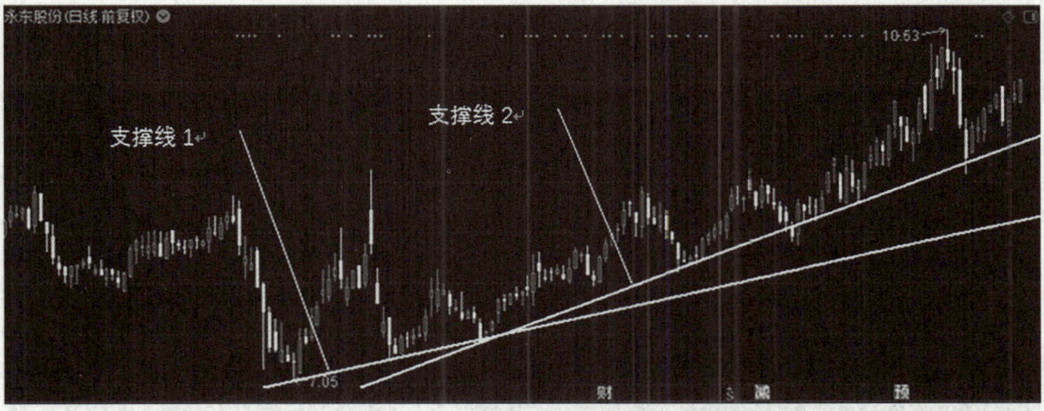

图4-17 永东股份（002753）2020年3月—2020年8月的行情

课堂训练4-3

如何确认并修正支撑线或压力线。

二、趋势线

（一）趋势线的定义

趋势线是衡量价格趋势的，由趋势线的方向可以明确地看出股价的趋势。在上升趋势中，将两个低点连成一条直线，就得到上升趋势线。在下降趋势中，将两个高点连成一条直线，就得到下降趋势线。上升趋势线起支撑作用，下降趋势线起压力作用。也就是说，上升趋势线是支撑线的一种，下降趋势线是压力线的一种．如图4-18所示。

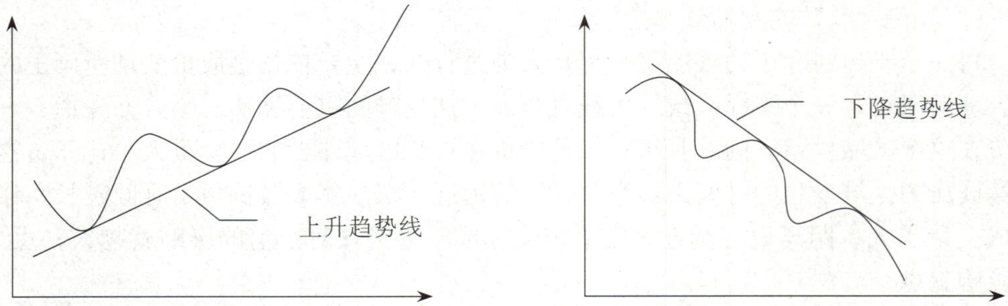

图4-18　上升趋势线和下降趋势线

（二）趋势线的作用

一条趋势线一经认可，下一个问题就是：怎样使用这条趋势线来进行对股价的预测工作？一般来说，趋势线有两种作用：

一是对股价今后的变动起约束作用。使股价总保持在这条趋势线的上方（上升趋势线）或下方（下降趋势线），实际上就是起支撑和压力的作用。

二是趋势线被突破后，说明股价下一步的走势将要反转。越重要越有效的趋势线被突破，其转势的信号越强烈。被突破的趋势线原来所起的支撑和压力作用，现在将相互转换，即原来是支撑线的，现在将起压力作用，原来是压力线的，现在将起支撑作用。以长信科技（300088）2020年7月—2021年7月的行情为示例，如图4-19所示。

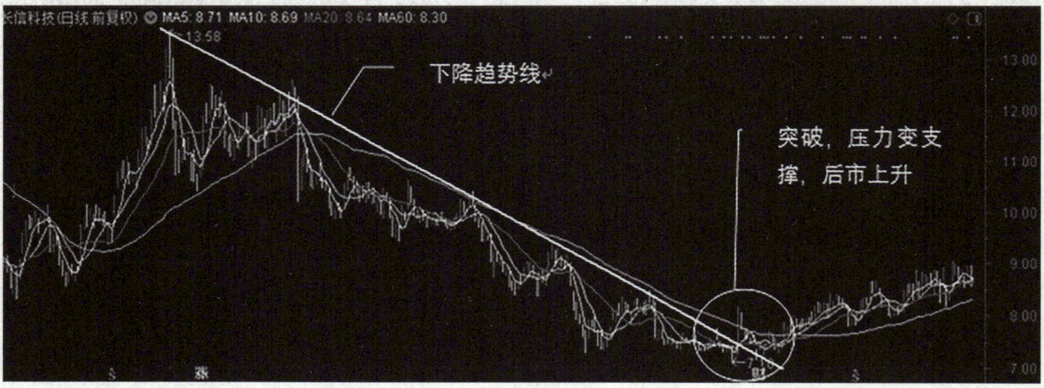

图4-19　长信科技（300088）2020年7月—2021年7月的行情

（三）趋势线的有效突破

应用趋势线最为关键的问题是：怎么才算对趋势线的突破？没有一个醒目的数字告诉我们，这样算突破，那样不算突破，这里面包含很多的人为因素或主观成分。这里只提供几个判断是否有效的参考意见，以便在具体判断中进行参考。以中国长城（000066）2020年9月—2021年7月的行情为示例，如图4-20所示。

一是收盘价突破趋势线比日内最高价、最低价突破趋势线重要。

二是穿越趋势线后，距离趋势线越远，突破越有效。人们可以根据各只股票的具体情况，自己制定一个界限，一般是用突破的幅度，如3%、5%、10%等。

三是穿越趋势线后，在趋势线的另一方停留时间越长，突破越有效。一般的经验为三个连续交易日。

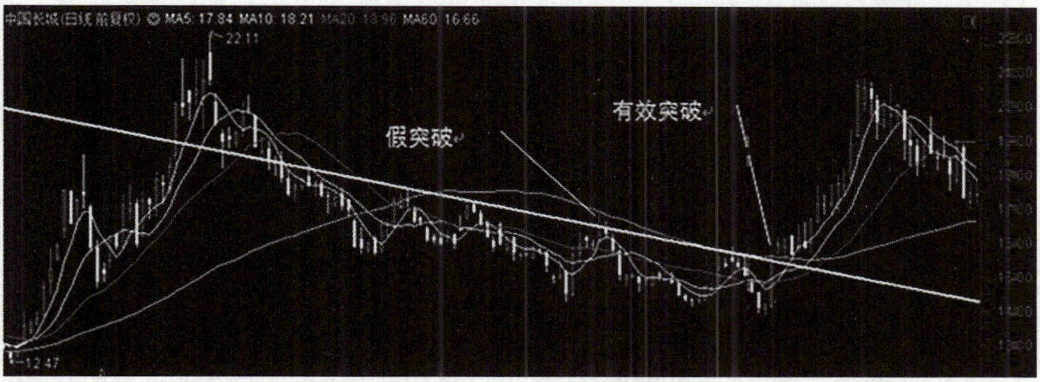

图4-20 中国长城（000066）2020年9月—2021年7月的行情

课堂训练4-4

如何确认有效的趋势线?

微课4-3

确认有效的趋势线

从K线图上我们很容易画出趋势线，这并不意味着趋势线已经被我们掌握了。我们画出一条直线后，有很多问题需要我们去回答。最迫切需要解决的问题是：我们画出的这条直线是否具有使用价值，以这条线作为我们今后预测股市的参考是否具有很高的准确性？这个问题实际上是对用各种方法画出的趋势线进行挑选评判，最终保留一个确实有效的趋势线，即对趋势线进行筛选，去掉无用的，保留有用的。

要得到一条真正起作用的趋势线，需要经多方面的验证才能最终确认，不合条件的一般应予以删除。首先，必须确实有趋势存在。也就是说，在上升趋势中，必须确认出两个依次上升的低点；在下降趋势中，必须确认两个依次下降的高点，才能确认趋势的存在，连接两个点的直线才有可能成为趋势线。其次，画出直线后，还应得到第三个点的验证才能确认这条趋势线是有效的。一般来说，所画出的直线被触及的次数越多，其作为趋势线的有效性越被认可，用它进行预测越准确有效。另外，这条直线延续的时间越长，就越具有有效性。以中粮糖业（600737）2020年10月—2021年7月的行情为示例，如图4-21所示。

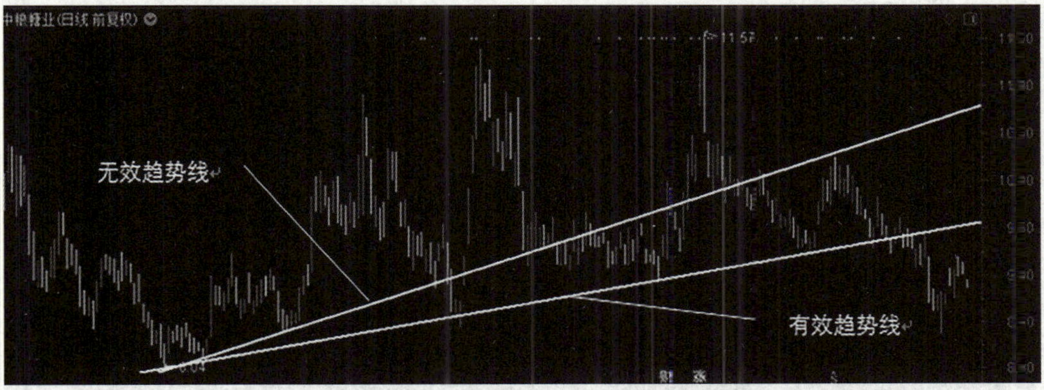

图4-21 中粮糖业（600737）2020年10月—2021年7月的行情

三、黄金分割线

黄金分割是一个古老的数学方法，对它的各种神奇作用和魔力，数学上至今还没有明确的解释，只是发现它屡屡在实际中发挥我们意想不到的作用。在股票的技术分析中，还有一个重要的分析流派——波浪理论，在波浪理论中要用到黄金分割的内容。在这里仅说明如何得到黄金分割线，并根据黄金分割线进行下一步的股票买卖操作。

画黄金分割线的第一步是记住若干个特殊的数字：0.191、0.382、0.618、0.809，1.191、1.382、1.618、1.809、2、2.382、2.618、4.236，这些数字中0.382，0.618，1.382，1.618最为重要，股价极易在由这四个数字产生的黄金分割线处产生支撑和压力。

第二步是找到一个点，这个点是上升行情结束，调头向下的最高点，或者是下降行情结束，调头向上的最低点。当然，我们知道这里的高点和低点都是指一定的范围，是局部的。只要我们能够确认一个趋势（无论是上升还是下降）已经结束或暂时结束，则这个趋势的转折点就可以作为进行黄金分割的点，这个点一经选定，我们就可以画出黄金分割线了。

在上升行情开始调头向下时，我们关心下跌将在什么位置获得支撑。黄金分割线提供的位置是这次上涨的顶点价位分别乘以上面所列的特殊数字。假设这次上涨的顶点价位是10元，那么：

8.09＝10×0.809　　　6.18＝10×0.618　　　3.82=10×0.382　　　1.91＝10×0.191

这几个数值极有可能成为支撑位，其中6.18和3.82的可能性最大。同理，在下降行情开始调头向上时，我们关心上涨将在什么位置遇到压力。黄金分割线提供的位置是这次下跌的底点价位分别乘以上面所列的特殊数字。假设这次下跌的底点价位为10元，那么：

11.91＝10×1.191　　　13.82＝10×1.382　　　16.18＝10×1.618　　　18.09＝10×1.809

这几个数值极有可能成为压力位，其中13.82和16.18的可能性最大。

案例分析4-2

运用黄金分割线的知识，分析美的集团（000333）2020年9月—2021年3月的行情，如图4-22所示。

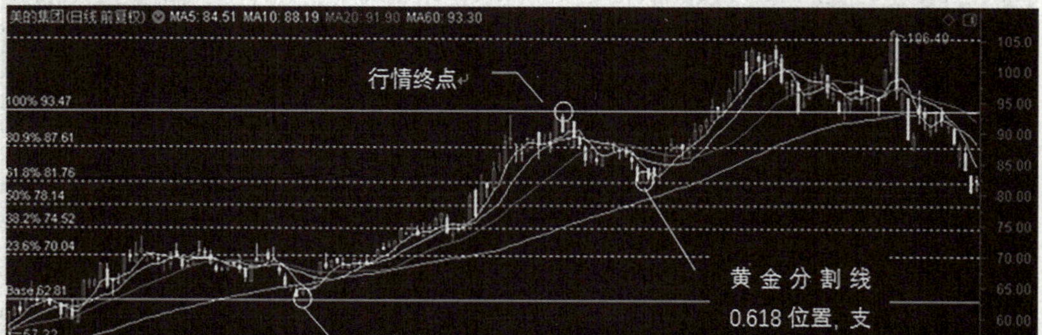

图4-22　美的集团（000333）2020年9月—2021年3月的行情

实践训练

一、实训项目

切线理论分析。

二、实训目的

熟练运用分析软件，使用切线方法进行分析预测。

三、实训要求

1. 学生个人使用分析软件完成实训。

2. 任意选择一只股票（限沪深A股），找出其上升、下降趋势线各一条，画出简图，标明日期和关键价位。

3. 任意选择一只股票（限沪深A股），运用黄金分割线对其进行分析，画出简图，标明日期和关键价位。

任务四 形态分析

形态分析是指通过研究股票价格所走过的轨迹，分析和挖掘曲线的形状，提示投资者一些多空双方力量的对比结果，进而指导投资者行动。股票价格的波动是变化莫测的，有时上升或下降后停留在某一价位上下波动，并随着成交量的不同变化构成种种图形，形态分析就是要在这些变化的图形中，找出买点和卖点，即选择合理的时机进场或退场。

知识准备

一、股价曲线的形态类型

一般而言，股价曲线的形态分成两个大的类型，即持续形态和反转形态，前者保持平衡，后者打破平衡。

反转形态是指股票价格改变原有的运行趋势所形成的运动轨迹。反转形态存在的前提是市场原先确有趋势出现，而经过横向运动后改变了原有的方向。反转形态的规模包括空间和时间跨度，决定了随之而来的市场动作的规模。也就是说，形态的规模越大，新趋势的市场动作就越大。在底部区域，市场形成反转形态需要较长的时间，而在顶部区域，则经历的时间较短，但其波动性远大于底部形态。交易量是确认反转形态的重要指标，而在向上突破时，交易量更具参考价值。

持续形态是指股票价格维持原有的运动轨迹。市场事先确有趋势存在，是持续形态成立的前提。市场经过一段趋势运动后，积累了大量的获利筹码，随着获利盘纷纷套现，价格出现回落，但同时对后市继续看好的交易者大量入场，对市场价格构成支撑，因而价格在高价区小幅震荡，市场采用横向运动的方式消化获利筹码，重新积聚了能量，然后又恢复原先的趋势。持续形态即市场的横向运动，它是市场原有趋势的暂时休整。

二、反转突破形态

（一）双重顶和双重底

双重顶和双重底就是市场上众所周知的M头和W底，双重顶（底）一共出现两个顶和底，也就是两个差不多相同高度的高点和低点。这种形态在实际中出现得非常频繁，这种形态的简化形状如图4-23所示。

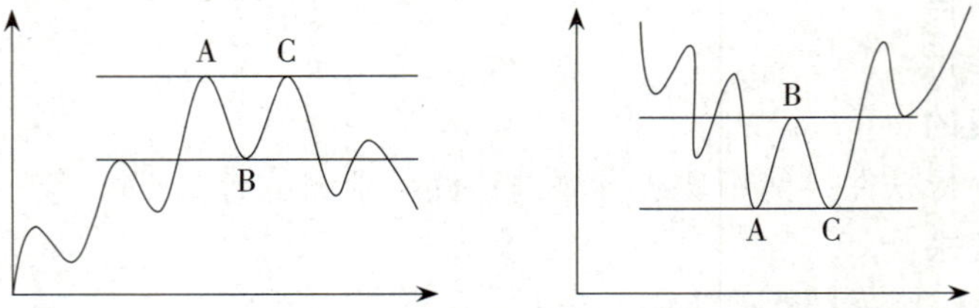

图4-23　M头和W底

下面以M头为例说明一下双重顶形成的过程。在上升趋势过程的末期，股价在第一个高点A建立了新高点，之后进行正常的回档，受上升趋势线的支撑，这次回档将在B点附近停止，往后就是继续上升，但是力量不够，上升高度不足，在C点（与A点等高）遇到压力，股价向下，这样就形成A和C两个顶的形状。

M头形成以后，有两种可能的前途：一是未突破B点的支撑位置，股价在A、B、C三点形成的狭窄范围内上下波动，演变成今后要介绍的矩形。二是突破B点的支撑位置继续向下，这种情况才是真正出现了双重顶反转突破形态，前一种情况只能说是出现了一个潜在的双重顶反转突破形态。

以B点作平行于A、C点连线的平行线，就得到一条非常重要的直线——颈线。AC线是趋势线，颈线是与这条趋势线对应的轨道线，这条轨道线起的是支撑作用。前面已经说过，一个真正的双重顶反转突破形态的出现，除了必要的两个相同高度的高点以外，还应该向下突破B点支撑。现在我们可以这样讲，是突破颈线而不仅仅是突破B点支撑。突破颈线就是突破轨道线、突破支撑线，所以也有突破被认可的问题。前面介绍的有关支撑压力线被突破的确认原则在这里都适用。

双重顶反转突破形态一旦得到确认，就可以用它进行对后市的预测了。它的主要功能是测算功能。也就是说，从突破点算起，股价将至少要跌到与形态高度相等的距离。所谓的形态高度，就是从A点或C点到B点的垂直距离，即从顶点到颈线的垂直距离。换句话说，股价必须在这条线之下才能找到像样的支撑，这之前的支撑都是不足取的。以上是以双重顶为例，对双重顶形态进行了介绍，对于双重底，有完全相似或者完全相同的结果，只要将对双重顶的介绍反过来理解就可以了。以华天酒店（000428）2021年3月—2021年7月的行情为示例，如图4-24所示。

（二）头肩顶和头肩底

头肩顶和头肩底是股价形态中出现得最多的形态，是最著名和最可靠的反转突破形态。这种形态一共出现三个顶和底，即出现三个局部的高点和低点，中间的高点（低点）比另外两个点都高（低）称为头，左右相对较低（高）的两个高点（低点）称为肩，这就是头肩形名称的由来。以下以头肩顶为例进行介绍，这种形态的简化形状如图4-25所示。

在上升趋势中，不断升高的各个局部的高点和低点保持着上升的趋势，然后在某一个地方趋势的上涨势头将放慢。图中A点和B点还没有放慢的迹象，但在C点和D点已经有了势头受阻的信号，这说明这一轮上涨趋势可能已经出了问题，最后，股价走到了E点和F点，这时反转向下的趋势已势不可当。这种头肩顶反转向下的道理与上一章介绍的支撑线和压力线的内容有密切关系。

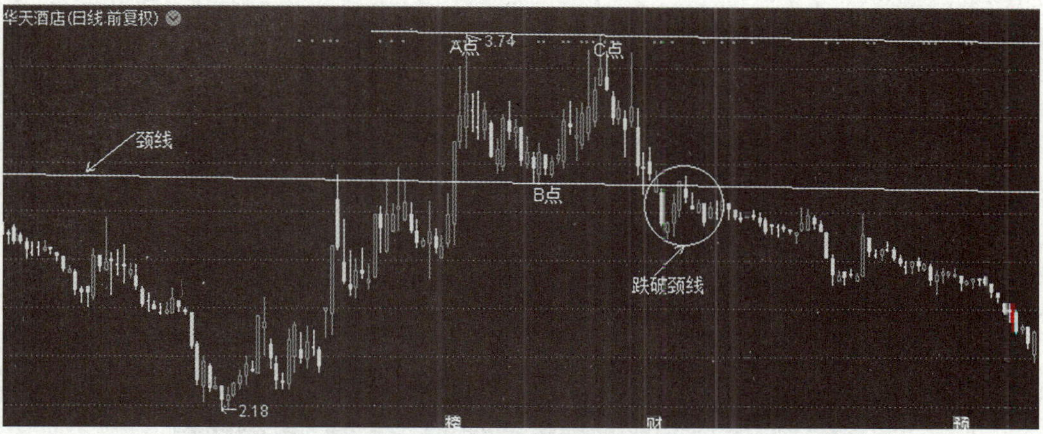

图4-24　华天酒店（000428）2021年3月—2021年7月的行情

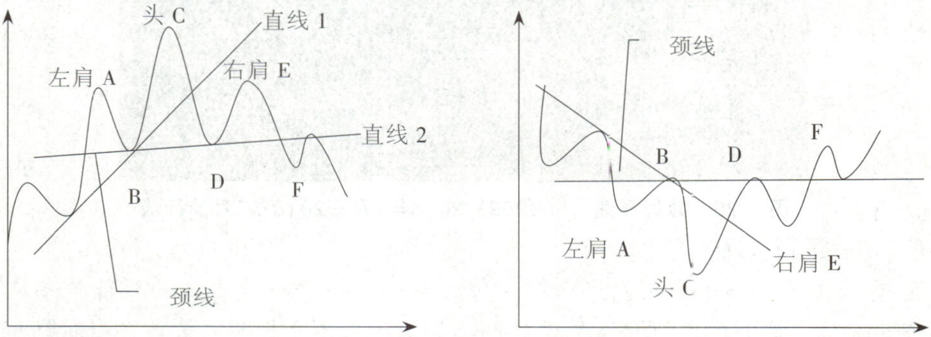

图4-25　头肩顶和头肩底

图4-25中的直线1和直线2是两条明显的支撑线，在C点和D点之间。突破直线1，说明上升趋势的势头已经遇到了阻力，E点和F点之间的突破则是趋势的转向。另外，E点的反弹高度没有超过C点，D点的回落高度低于A点，都是上升趋势出了问题的信号。直线2其实就是头肩顶（底）形态中极为重要的颈线，在头肩顶形态中，它是支撑线起支撑的作用。

头肩顶形态走到了E点并调头向下，只能说是原有的上升趋势已经转化成了横向延伸，这时还不能说已经反转向下了。只有当图形走到了F点，即股价向下突破了颈线，才能说头肩顶反转形态已经形成，同大多数的突破一样，这里颈线被突破也有一个被认可的问题，百分比原则和时间原则在这里都适用。颈线突破，反转确认之后，我们就知道股价下一步的大方向是下跌，而不是上涨或横盘。对于下跌的深度，我们可以借助头肩顶形态的测算功能。从突破点算起，股价将至少要跌至与形态高度相等的距离。

形态高度的测算方法是，量出从头到颈线的距离，这个长度就是头肩顶的形态高度。上述原则是股价回落的最起码的深度，是最近的目标，股价实际下落的位置要根据很多其他因素来确定。

上述原则只是给出了一个范围，有一定的指导作用。预计股价今后将要跌到什么位置能止住或将要涨到什么位置而调头，永远是投资者最关心的问题，也是最不易回答的问题。以上是以头肩顶为例，对头肩顶形态进行了介绍。对头肩底而言，除了在成交量方面与头肩顶有所区别外，其他可以说与头肩顶一样，只是方向正好相反。以赣粤高速（600269）2016年7月—2018年7月的行情为示例，如图4-26所示。

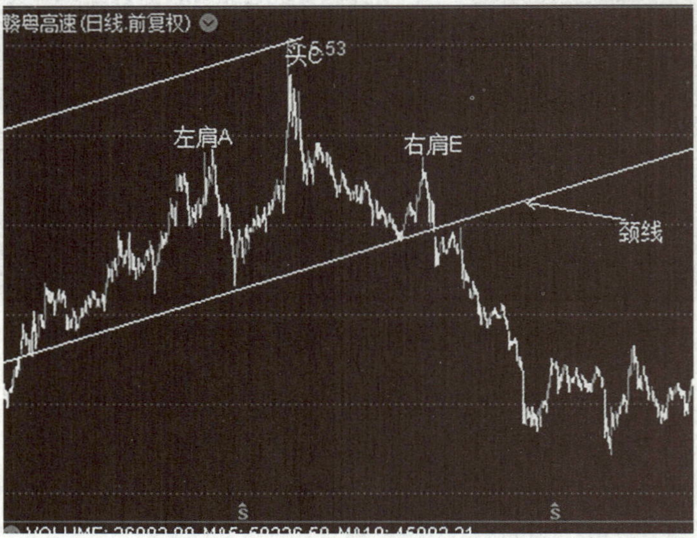

图4-26　赣粤高速（600269）2016年7月—2018年7月的行情

（三）三重顶（底）形态

三重顶（底）形态是头肩形态的变体，它是由三个一样高或一样低的顶和底组成，与头肩顶（底）的区别是头的价位回缩到与肩差不多相等的位置，有时甚至低于或高于肩部一点，从这个意义上来讲，三重顶（底）与双重顶（底）也有相似的地方，前者比后者多“折腾”了一次。三重顶（底）的颈线差不多是水平的，三个顶（底）也是差不多相等高度的，这种形态的简化形状如图4-27所示。

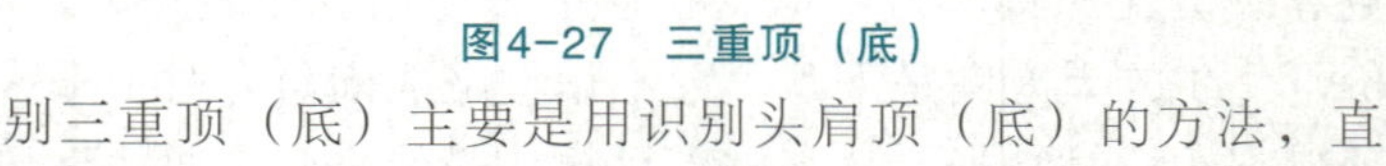

图4-27　三重顶（底）

应用和识别三重顶（底）主要是用识别头肩顶（底）的方法，直接应用头肩顶（底）的结论和应注意的事项。头肩顶（底）适用的方法三重顶（底）都适用，这是因为三重顶（底）从本质上说就是头肩顶（底），有些文献不将三重顶（底）单独看成一类形态，而直接纳入头肩顶（底）。三重顶（底）与一般头肩顶（底）最大的区别是，颈线和顶部（底部）连线是水平的，这就使得三重顶（底）具有矩形的特征。比起头肩顶（底）来说，三重顶（底）更容易演变成持续形态，而不是反转形态。另外，如果三重顶（底）的三个顶（底）的高度从左到右依次是下降（上升）的，则三重顶（底）就演变成了直角三角形态，这些都是我们在应用三重顶（底）时应该注意的。以天安新材（603725）2020年6月—2021年2月的行情为示例，如图4-28所示。

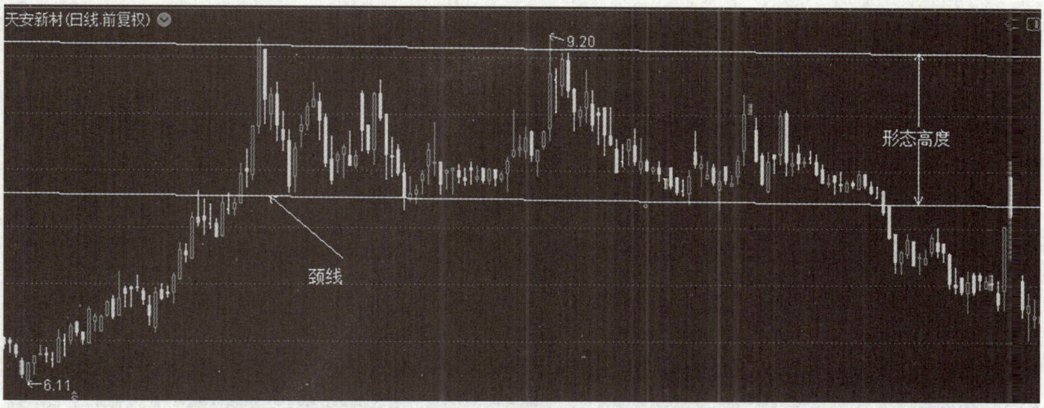

图4-28　天安新材（603725）2020年6月—2021年2月的行情

（四）圆弧形态

圆弧形态又称碟形形态、圆形形态、碗形形态，这些称呼都很形象，不过应该提醒大家的是曲线不是数学意义上的圆，也不是抛物线，而仅仅是一条曲线。人们已经习惯使用直线，在遇到圆弧这样的顶和底时，用直线显然就不够了，因为顶（底）的变化太频繁，一条直线无法反映出来。将股价在一段时间的顶部高点用折线连起来，每一个局部的高点都考虑到，我们有时可能得到一条类似圆弧的弧线，盖在股价之上，将每个局部的低点连在一起也能得到一条弧线，托在股价之下，简图如图4-29所示。

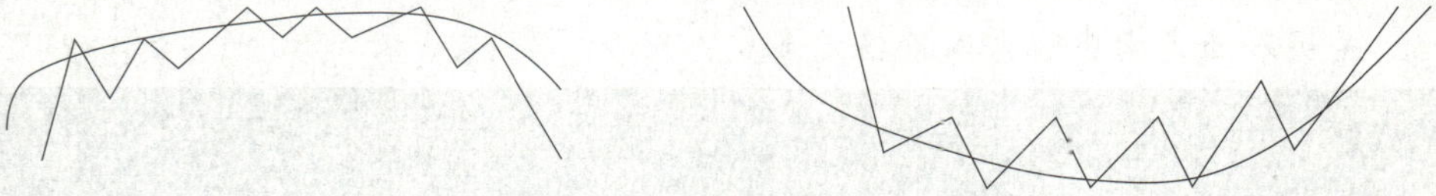

图4-29　圆弧形态

圆弧形态在实际中出现的机会较少，一旦出现则是绝好的机会，它的反转深度和高度是不可测的，这一点同前面几种形态有一定区别。圆弧形态的形成过程与复合头肩形态有相似的地方，只是圆弧形的各种顶（底）没有明显的头肩，这些顶部和底部没有明显的主次区分。

这种局面在很大程度上是一些机构大户炒作股票形成的。这些人手里有足够的股票，如果一下抛出太多，股价下落太快。手里的货不能全部出手，只能一点一点地往外抛，形成众多的来回拉锯，直到手中股票接近抛完时，才会大幅度打压，一举使股价下降到很深的位置。同样，这些人手里持有足够的资金，如果一下吃得太多，股价上升得太快，也不利于今后的买入，也要一口一口地吃，直到股价一点一点地来回拉锯，往上接近圆弧边缘时，才会用少量的资金一举往上提拉到一个很高的高度，因为这时大部分的股票在机构大户手中，别人无法打压。

在识别圆弧形态时，成交量也是很重要的。无论是圆弧顶还是圆弧底，在它们的形成过程中，成交量的过程都是两头多、中间少。越靠近顶部或底部成交量越少，到达顶部或底部时成交量则最少（圆弧底在达到底部时，成交量可能突然增加，之后恢复正常），在突破后会有相当大的成交量。圆弧形态的形成所花的时间越长，之后反转的力度就越强，越值得我们去相信这个圆弧形。一般来说，应该与一个头肩形态所形成的时间相当。以鄂尔多斯（600295）2018年6月—2020年7月的行情为示例，如图4-30所示。

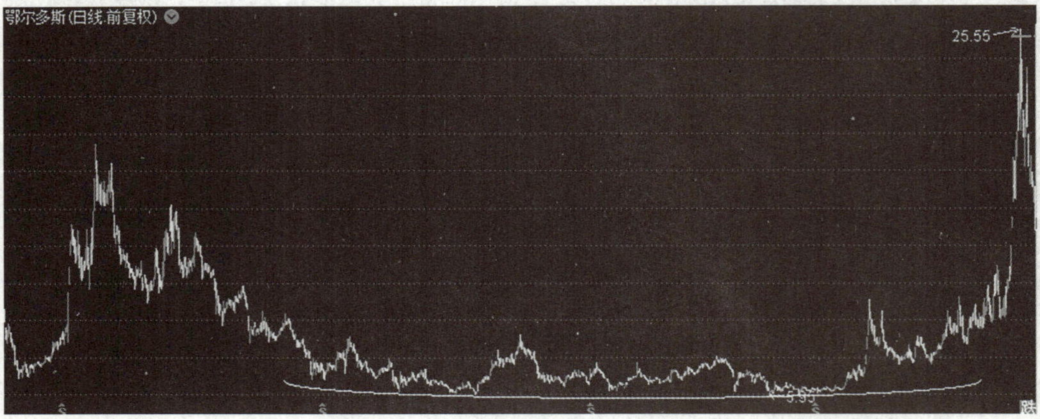

图4-30 鄂尔多斯（600295）2018年6月—2020年7月的行情

案例分析4-3

微课4-4

反转突破案例分析

运用所学分析图4-31的行情。

1. 下图是何种形态？
2. 颈线位置在哪里？
3. 是买入还是卖出？介入价格是多少？

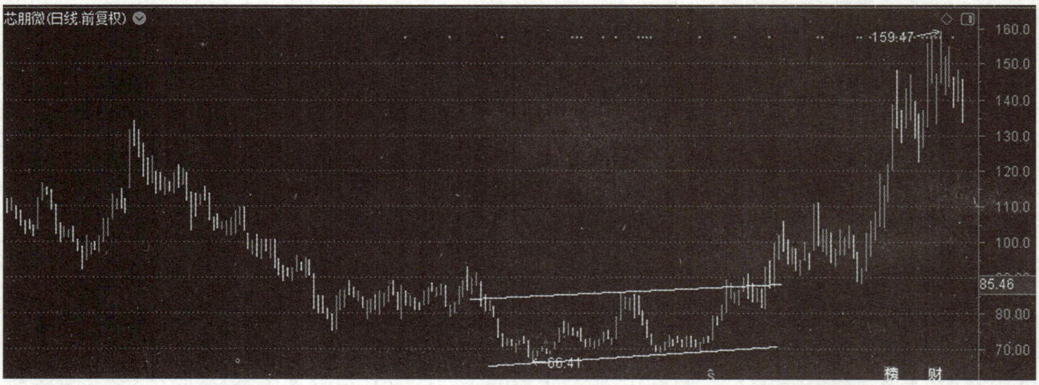

图4-31 芯朋微（688508）2021年3月—2021年8月反转突破行情

三、持续整理形态

（一）三角形态

三角形态属于持续整理形态，主要分为对称三角形、上升三角形和下降三角形三种类型。第一种有时也称为正三角形，后两种合称为直角三角形。

1.对称三角形

对称三角形大多是发生在一个大趋势进行的途中，表示原有的趋势暂时处于休整阶段，之后还要随着原趋势的方向继续运行。因此，对称三角形形成之后，股价最大可能是保持原有的趋势方向。图4-32是对称三角形的一个简化图形，这里的原有趋势是上升，所以三角形态完成以后是突破向上的。

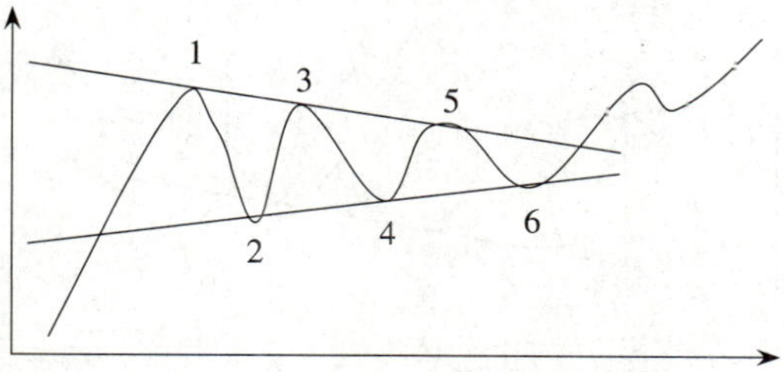

图4-32 对称三角形的简图

从图4-32中可以看出，对称三角形有两条聚拢的直线，上面的直线向下倾斜，起压力作用，而下面的直线向上倾斜，起支撑作用。两条直线的交点称为顶点。另外，对称三角形要求至少应有四个转折点，图4-32中的1、2、3、4、5、6都是转折点。四个转折点的要求是必然的，因为每条直线的确定需要两个点，上下两条直线就至少要求有四个转折点。正如趋势线的确认要求第二点验证一样，对称三角形一般应有六个转折点，这样上下两条直线的支撑压力作用才能得到验证。

对称三角形只是原有趋势运动的途中休整阶段，所以持续的时间不应该太长，持续时间太长，保持原有趋势的能力就会下降。一般来说，突破上下两条直线的包围，继续沿既定方向的时间要尽量早些，越靠近三角形的顶点，三角形的各项功能就越不明显，对我们进行买卖操作的指导意义就越弱。根据多年的经验，突破的位置一般应在三角形的横向宽度的二分之一至四分之三的某个位置，三角形的横向宽度指的是顶点到底点（1点）的距离。此时，这个区域就是股价未来可能要突破并保持原来走势的位置，这对于我们进行买卖操作是很有指导意义的。但是，这需要有一个前提，即必须认定一定要突破这个三角形。前面已经说过了，如果股价不在预定的位置突破三角形，那么这个对称三角形态可能转化成别的形态，股价一直波动下去，直到在顶点以外。

突破是真是假，这个老问题现在又遇到了，不过我们可以用以往的对策，按各自的喜好，采用百分比原则、日数原则或收盘原则来进行判断。对称三角形被突破后，也有测算功能，这里介绍两种测算的方法，以原有的上升趋势为例。

方法一：在图4-33中，过A点向上箭头的直线高度是未来股价至少要达到的高度，箭头直线长度与BC连线长度相等。BC连线的长度称为对称三角形的形态高度，从突破点算起，股价至少要运动到与形态高度相等的距离。

方法二：过B点作平行于下边直线的平行线，如图4-33中的斜虚线，是股价今后至少要达到的位置。

从几何学上可以证明，用这两种方法得到的两个价位在绝大多数情况下是不相等的。前者给出的是一个固定的数字，后者给出的是不断变动的数字，达到虚线的时间越迟，价位就越高，这条虚线实际上是一条轨道线。方法一简单易于操作和使用，方法二更多的是从轨道线方面来考虑。另外，虽然对称三角形一般是整理形态，但有时也有可能在顶部或者底部出现，导致大势反转，这是三角形态在实际应用中要特别注意的地方。以酒钢宏兴（600307）2021年3月—2021年5月的行情为示例，如图4-34所示。

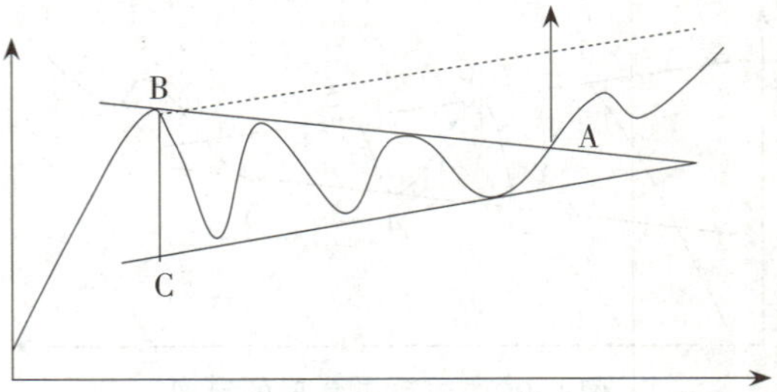

图4-33 对称三角形测算

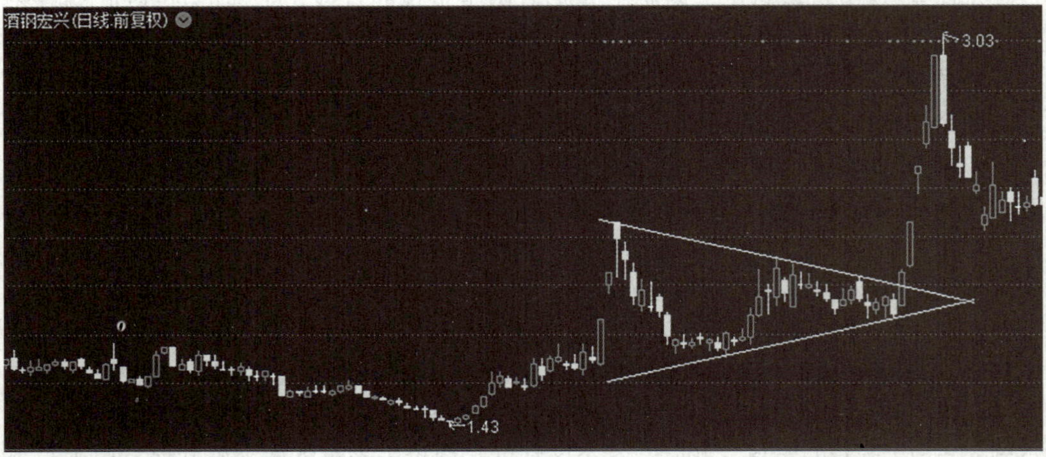

图4-34 酒钢宏兴（600307）2021年3月—2021年5月的行情

2.上升三角形

上升三角形是对称三角形的变形，将对称三角形上面的直线逐渐由向下倾斜变成水平方向就得到上升三角形，除了上面的直线是水平的以外，上升三角形同对称三角形在形状上没有什么区别。

我们知道，上边的直线起压力作用，下面的直线起支撑作用。在对称三角形中，压力和支撑都是逐步加强的，一方是越压越低，另一方是越撑越高，看不出谁强谁弱。在上升三角形中就不同了，压力是水平的，始终都是一样，没有变化，而支撑则是越撑越高。

由此可见，上升三角形与对称三角形相比，有更强烈的上升意识，多方比空方更为积极。通常以三角形态的向上突破作为这个持续过程终止的标志。上升三角形的简图如图4-35所示。

如果股价原有的趋势是上升的，那么在遇到上升三角形后，几乎可以肯定今后是向上突破的。一方面，股价要保持原有的趋势；另一方面，形态本身就有向上的愿望，这两个方面的因素使股价很难逆大方向而动。

如果原有的趋势是下降的，那么在出现上升三角形后，判断前后股价的趋势就有些难度了。一方要继续下降，保持原有的趋势，而另一方要上涨，两方必然发生争执。如果下降趋势处于末期（下降趋势持续了相当一段时间），出现上升三角形还是以看涨为主。这样，上升三角形就成了反转形态的底部。上升三角形被突破后，也有测算的功能，测算的方法同对称三角形类似。以海德股份（000567）2021年6月—2021年7月的行情为示例，如图4-36所示。

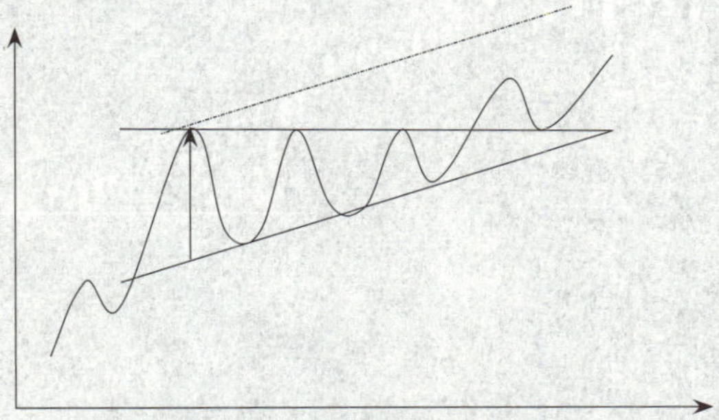

图4-35　上升三角形的简图

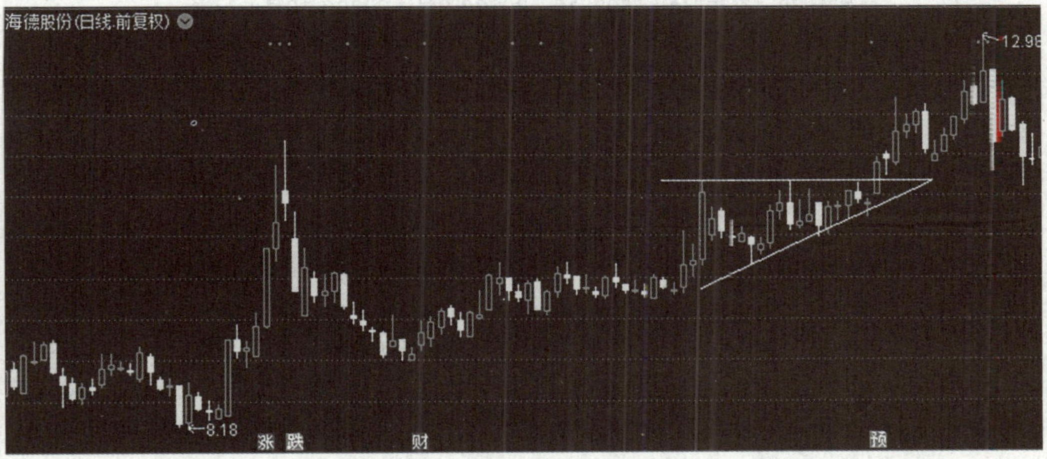

图4-36　海德股份（000567）2021年6月—2021年7月的行情

3. 下降三角形（简图如图4-37所示）

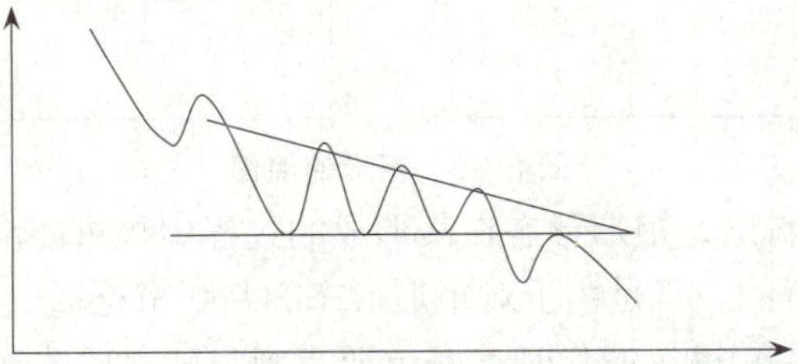

图4-37　下降三角形的简图

下降三角形同上升三角形正好反向，是看跌的形态。它的基本内容同上升三角形可以说完全相似，只是方向相反。需要注意的是，下降三角形的成交量一直十分低迷，突破时不会有大成交量配合。另外，如果股价原有的趋势是上升的，那么在遇到下降三角形后，对趋势的判断会有一定的难度；但在上升趋势的末期出现下降三角形时，可以将其看作反转形态的顶部。以交建股份（603815）2020年9月—2020年10月的行情为示例，如图4-38所示。

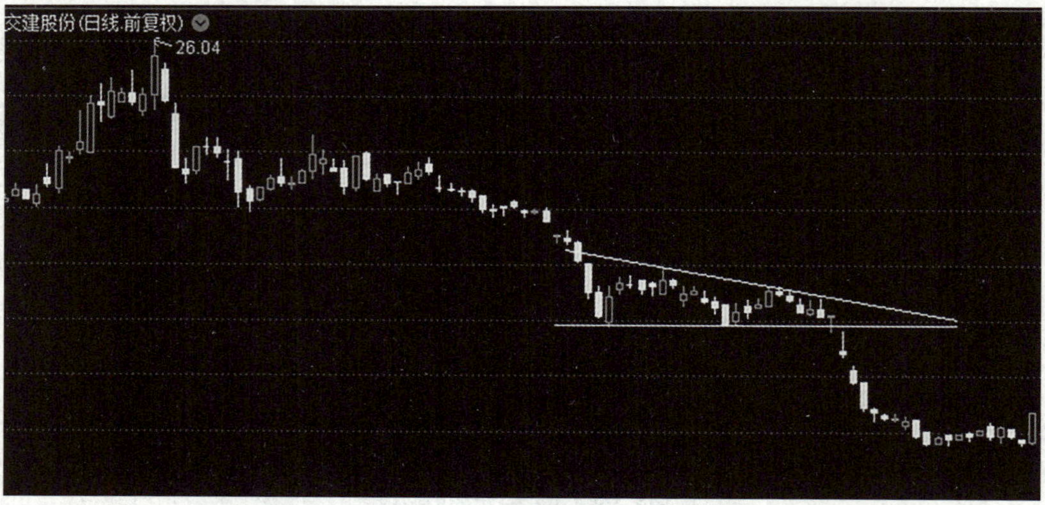

图4-38　交建股份（603815）2020年9月—2020年10月的行情

（二）矩形形态

矩形形态又称箱形形态，也是一种典型的整理形态，股票价格在两条横着的水平直线之间上下波动，上也上不去，下也下不来，一直做横向延伸的运动。矩形形态在形成之初，多空双方全力投入，各不相让。空方在价格上涨至某个价位时就抛出，多方在股价下跌至某个价位时就买入，时间一长就形成两条明显的上下界线。随着时间的推移，双方的“战斗”热情会逐渐减弱，市场趋于平淡。

如果原来是上升趋势，那么经过一段矩形整理后，会持续原来的趋势，多方会占优势并采取主动，使股价向上突破矩形的上界。如果原来是下降趋势，那么空方会采取行动，突破矩形的下界。矩形的简图如图4-39所示。

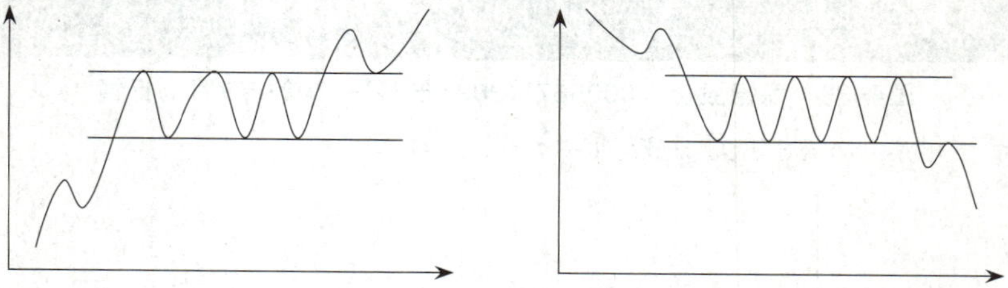

图4-39　矩形的简图

从图4-39中可以看出，矩形形态在其形成的过程中极可能演变成三重顶（底）形态，这是我们应该注意的。正是由于对矩形形态的判断有这么一个容易出错的可能性，在对矩形和三重顶（底）进行操作时，一定要等到突破之后才能采取行动。因为这两个形态今后的走势方向完全相反：一个是反转突破形态，要改变原来的趋势；一个是持续整理形态，要维持原来的趋势。矩形形态被突破后，也具有测算意义，形态高度就是矩形的高度。面对突破后股价的反扑，矩形的上下界线同样具有阻止反扑的作用。

与大部分形态不同，矩形形态为我们提供了一些短线炒作机会。如果在矩形形态形成的早期能够预计股价将按矩形进行调整，那么就可以在矩形的下界线附近买入，在矩形的上界线附近抛出，来回做几次短线的进出。如果矩形的上下界线相距较远，那么这种短线的收益也是相当可观的。以万东医疗（600055）2021年5月—2021年6月的行情为示例，如图4-40所示。

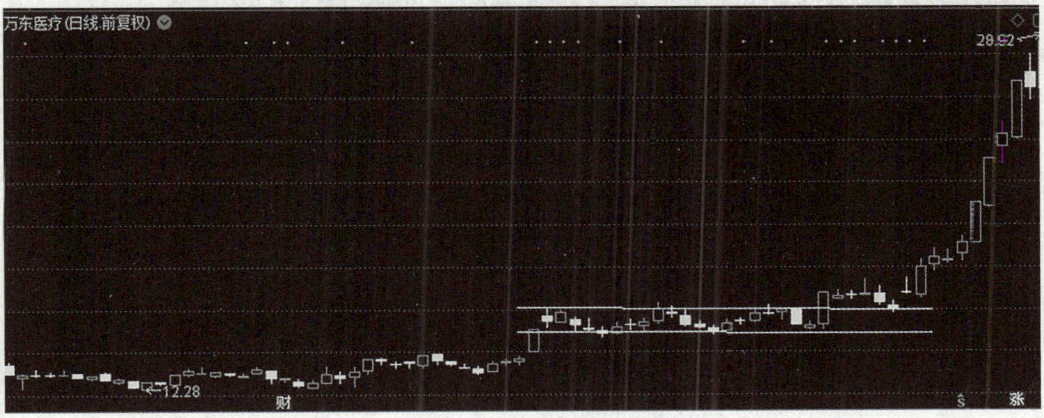

图4-40　万东医疗（600055）2021年5月—2021年6月的行情

（三）旗形形态

从几何学的观点来看，旗形形态可称为平行四边形形态，它的形状是一个上倾或下倾的平行四边形。旗形形态大多发生在市场极度活跃、股价运动剧烈（近似于直线上升或下降）的情况下，这种剧烈运动的结果就是产生旗形的条件。由于上升或下降得过于迅速，市场必然会有所休整，旗形形态就是完成这一休整过程的主要形式之一。旗形的简图如图4-41所示。

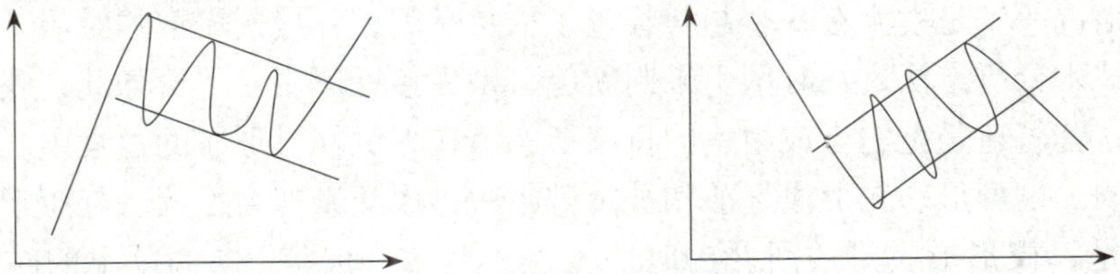

图4-41　旗形的简图

旗形的上下两条平行线起着支撑和压力作用，这一点有点像轨道线，这两条平行线的某一条被突破是旗形形态完成的标志。旗形也有测算功能。旗形的形态高度是平行四边形左右两边的长度。旗形形态被突破后，股价将至少要走到形态高度的距离，大多数情况是走到旗杆高度的距离。应用旗形形态时，有以下几点需要注意：

一是旗形形态出现之前，一般应有一个旗杆，这是由于价格做直线运动形成的。

二是旗形形态持续的时间不能太长，时间一长，它保持原来趋势的能力将下降。经验告诉我们，持续时间应该短于3周。

三是旗形形态在形成之前和被突破之后，成交量都会很大。在旗形形态的形成过程中，成交量从左向右逐渐减少。以海南矿业（601969）2021年7月—2021年8月的行情为示例，如图4-42所示。

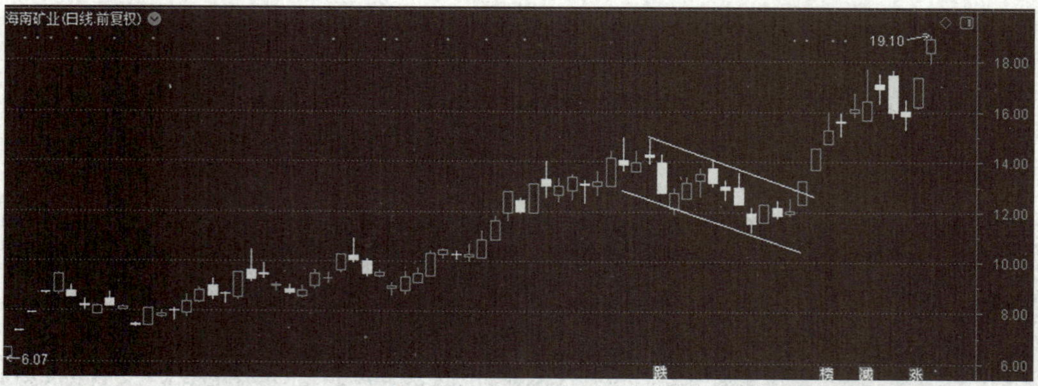

图4-42　海南矿业（601969）2021年7月—2021年8月的行情

（四）楔形形态

如果将旗形形态中上倾或下倾的平行四边形变成上倾和下倾的三角形，我们就会得到楔形形态。楔形的上下两条边都是朝着同一个方向倾斜，这与前面介绍的三角形态不同，有明显的倾向。楔形的简图如图4-43所示。

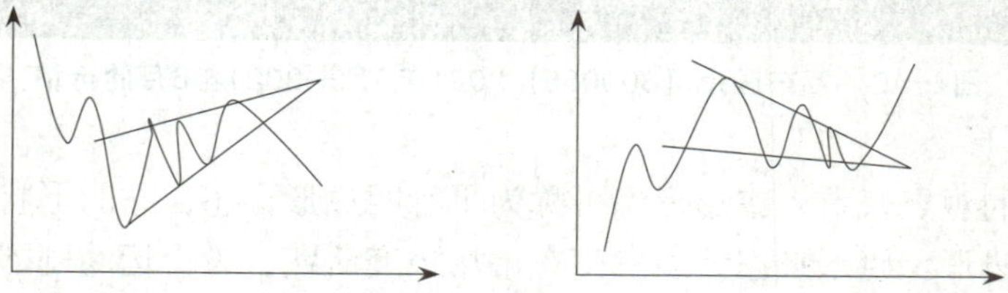

图4-43　楔形的简图

同旗形和三角形一样，楔形也有保持原有趋势方向的功能，趋势的途中会遇到这种形态。与旗形和三角形不同的是，楔形偶尔也可能出现顶部或底部而作为反转形态。这种情况一定是发生在一个趋势经过了很长时间，并接近尾声的时候。我们可以借助其他技术分析方法，从时间上来判断趋势是否接近尾声。尽管如此，我们看到一个楔形后，首先还是把它当成中途的持续形态。在形成楔形形态的过程中，成交量是逐渐减少的。楔形形态在形成之前和被突破之后，成交量都会很大。与旗形形态的另一个区别是，楔形形态形成所花的时间要长一些，一般需要2周以上的时间才能完成。以百亚股份（003006）2021年3月—2021年5月的行情为示例，如图4-44所示。

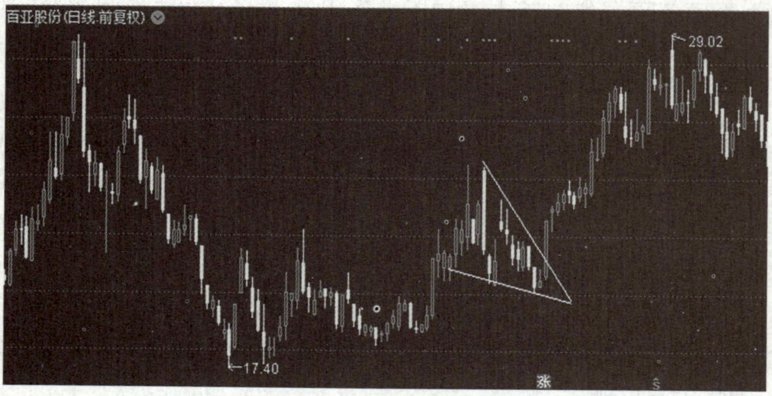

图4-44　百亚股份（003006）2021年3月—2021年5月的行情

案例分析4-4

运用所学分析图4-45的行情。

1.下图是何种形态?

2.理论上投资者是买入还是卖出?介入价格是多少?

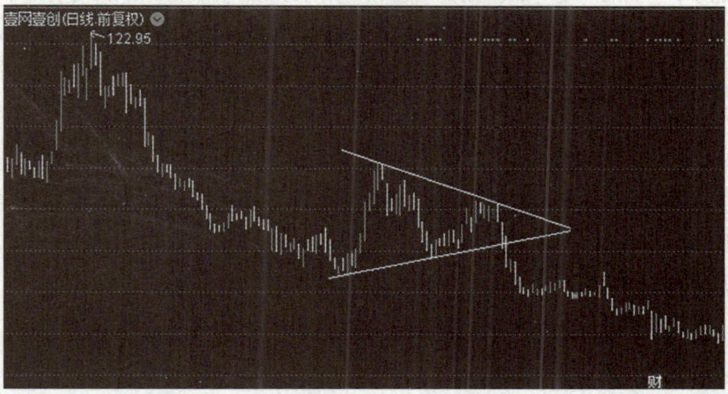

图4-45　壹网壹创(300792)2020年12月—2021年4月持续整理行情

实践训练

一、实训项目

形态理论分析。

二、实训目的

熟练运用分析软件,使用形态方法进行分析预测。

三、实训要求

1.学生使用分析软件独立完成实训。

2.任意选择一只股票(限沪深A股),找出其反转突破形态(原趋势上升、下降各一种),画出简图,标明日期和关键价位。

3.任意选择一只股票(限沪深A股),找出其持续整理形态(原趋势上升、下降各一种),画出简图,标明日期和关键价位。

任务五　技术指标分析

在技术指标分析中,计算结果或图形部分是客观的,因为它是真实存在的,而预测判断和决策部分是主观的、概率性的,这正是预测学的本质,预测本身是不确定的。现代科学理论也证实科学规律其实就是一个概率性规律,过去机械性的、因果关系的规律是有限认识条件下的结论。因此,技术分析本身就受到预测学规律的限制,利用技术分析去预测,存在预测失败的可能性。技术分析的关键在于,向投资者揭示了市场曾经发生了什么,正在发生什么,至于将来要发生什么,技术分析只是供可能性的判断启示,不对结果负责。

知识准备

一、技术指标的定义

按事先规定好的固定的方法对原始数据进行处理，将处理之后的结果制成图表，并用制成的图表对股市进行行情研判，这样的方法就是技术指标法。原始数据指的是开盘价、最高价、最低价、收盘价、成交量和成交金额，有时还包括成交笔数。

对原始数据进行处理指的是将这些数据的部分或全部进行整理加工，使之成为我们希望得到的东西，不同的处理方法就产生了不同的技术指标。从这个意义上来讲，有多少项技术指标，就会产生多少种处理原始数据的方法；反过来，有多少种处理原始数据的方法就会产生多少项技术指标。产生技术指标之后，最终都会在图表上得到体现。处理原始数据，不仅是把一些数字变成另一些数字，而且可能是放弃一些数字或加入一些数字。

二、技术指标的应用法则

正所谓万变不离其宗，从某种意义上来讲，技术分析的应用法则适用于任何技术指标，其主要内容包括以下几点：

（1）指标的背离。指标的背离，是指技术指标的走向与股价走向不一致，如股价曲线上升，而技术指标的曲线是下跌的。

（2）指标的交叉。指标的交叉，是指技术指标中的两条曲线发生了相交的现象，常说的金叉和死叉就属于这类情况。

（3）指标的高位和低位。指标的高位和低位，是指技术指标进入了超买区和超卖区，一般投资者应该在超买区卖出股票，在超卖区买入股票。

（4）指标的徘徊。指标的徘徊，是指技术指标处在进退都可的状态，没有明确对未来方向的判断。

（5）指标的转折。指标的转折，是指技术指标的图形发生了调头，这种调头是一个趋势的结束和另一个趋势的开始。

（6）指标的盲点。指标的盲点，是指技术指标无能为力的时候。

三、应用技术指标应注意的问题

（一）每种技术指标都有自己的适用范围和环境

有时有些工具的效果很差，有时效果就好，投资者在使用技术指标时，常犯的错误是机械地照搬结论，而不问这些结论成立的条件和可能发生的意外。首先是盲目地绝对相信技术指标，出了错误以后，又走向另一个极端，认为技术指标一点用也没有。这显然是错误的认识，只能说是不会使用技术指标。

（二）每种技术指标都有失效的时候

在实际运用中应该不断地总结，并找到盲点所在，这对在使用技术指标时少犯错误是很有益处的。遇到某项技术指标失效时，应把它放置在一边，去考虑其他技术指标。一般来说，众多的技术指标，在任何时候都会有几个指标会对我们的投资决策提供有益的指导和帮助，尽管有时这种帮助可能不大，但至少操作起来有目的性。

（三）熟练掌握几种技术指标

了解每一种技术指标是很必要的，但是投资者在面对众多的技术指标时，不可能都考虑到，每个指标在预测大势方面也有能力大小和准确程度的区别，通常的做法是以4~5个技术指标为主，其他指标为辅。技术指标的选择各人有各人的习惯，不好事先规定，但是通过实战效果的检验，技术指标应该不断地进行变更。

四、了解主要技术指标

（一）移动平均线（MA）

移动平均线是将某一段时间股指或股价的平均值画在坐标图上所连成的曲线，用它可以研判股价未来的运动趋势。其公式为：MA=（C1+C2+C3+…+Cn）/N，其中C为某日收盘价，N为移动平均周期。MA常用的有5天、10天、30天、60天、120天和250天的指标。其中，5天和10天的是短期均线指标，是短线炒作的参照指标，30天和60天的是中期均线指标，120天、250天的是长期均线指标。

1.MA的特点

（1）追踪趋势。注意价格的趋势，并追随这个趋势，不轻易放弃。如果从股价的图表中能够找出上升或下降趋势线，那么MA的曲线将保持与趋势线方向一致，能消除中间股价在这个过程中出现的起伏。原始数据的股价图表不具备这个保持追踪趋势的特性。

（2）滞后性。在股价原有趋势发生反转时，由于追踪趋势的特性，MA的行动往往过于迟缓，调头速度落后于大趋势，是MA的一个极大的弱点。等MA发出反转信号时，股价调头的深度已经很大了。

（3）稳定性。从MA的计算方法可知，要比较大地改变MA的数值，无论是向上还是向下，都比较困难，必须是当天的股价有很大的变动。因为MA的变动不是一天的变动，而是几天的变动。这种稳定性有优点，也有缺点，在应用时应多加注意，掌握好分寸。

（4）助涨助跌性。当股价突破了MA时，无论是向上突破还是向下突破，股价有继续向突破方向再走一程的愿望，这就是MA的助涨助跌性。

（5）支撑线和压力线的特性。上述四个特性，使得MA在股价走势中起支撑线和压力线的作用。

2.MA的排列

（1）MA多头排列。当股指或股价上涨时，MA托着K线上升。也就是说，K线在均线的左上方，这种现象称为多头排列。多头排列发生时，是投资者的持股期。

（2）MA空头排列。当股价或股指下跌时，MA由大到小自然排列，从K线的右上方压制K线向右下方行进，这种现象称为空头排列。空头排列发生时，是投资者的持币期。

3.MA的应用

美国投资专家葛兰威尔创造的八项法则，又称葛兰威尔法则，可谓是精华，历来的平均线使用者无不视其为技术分析中的至宝，而MA也因八项法则而淋漓尽致地发挥了道·琼斯理论的精髓所在。八项法则中有四条是研判买进时机，另四条是研判卖出时机。MA的买卖点，如图4-46所示（B表示买点，S表示卖点）。

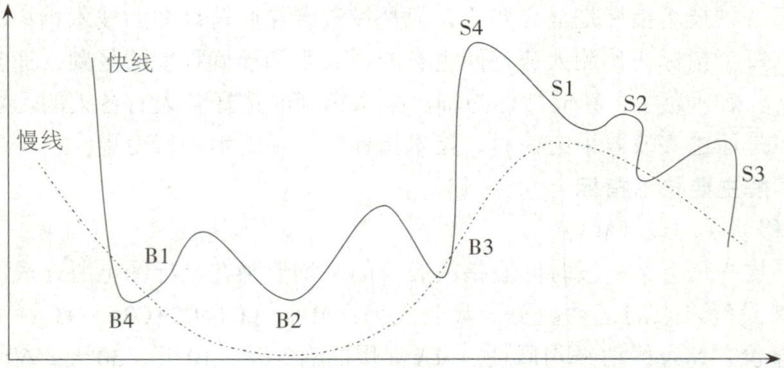

图4-46 MA的买卖点

最后谈一下MA的盲点。在盘整阶段或趋势形成后的中途休整阶段或局部反弹和回档阶段，MA极易发出错误的信号，这是最应该注意的。另外，MA作为支撑线和压力线，站在某线之上当然有利于上涨，但并不是说就一定会涨，支撑线有被突破的时候，而且投资者的持仓成本对了解MA也很重要。

案例分析4-5

微课4-5

MA案例分析

运用移动平均线分析图4-47的行情。

1.指标的快线和慢线分别是哪条曲线？

2.金叉和死叉分别是哪个点？

3.买入和卖出位置在哪里？

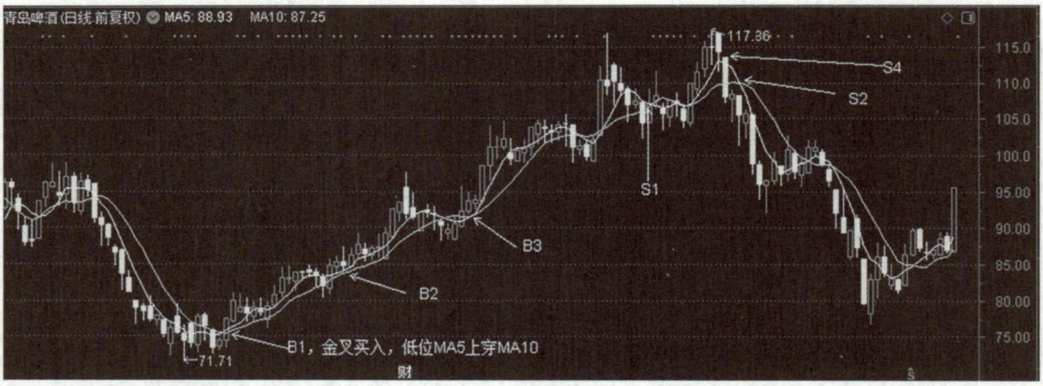

图4-47 青岛啤酒（600600）2021年3月—2021年8月的行情

（二）平滑异同移动平均线（MACD）

平滑异同移动平均线是一项利用短期（常用为12日）移动平均线与长期（常用为26日）移动平均线之间的聚合与分离状况，对买进、卖出时机作出研判的技术指标。

1.MACD指标的原理

MACD指标是基于均线的构造原理，对收盘价进行平滑处理（求出算术平均值）

后的一种趋向类指标。MACD指标主要由两部分组成，即正负差（DIF）和异同平均数（DEA）。其中，DIF是核心，DEA是辅助。

DIF是快速平滑移动平均线（EMA1）和慢速平滑移动平均线（EMA2）的差，DIF的正负差的名称由此而来。DEA是DIF的移动平均，即连续数日的DIF的算术平均。这样DEA自己又有了个参数，那就是作算术平均的DIF的个数，即天数，对DIF作移动平均就像对收盘价作移动平均一样，是为了消除偶然因素的影响，使结论更可靠。

在现有的技术分析软件中，MACD常用参数是快速平滑移动平均线为12，慢速平滑移动平均线为26。此外，MACD还有一个辅助指标——柱状线（BAR）。在大多数技术分析软件中，柱状线是有颜色的，低于0轴以下是绿色，高于0轴以上是红色，前者代表趋势较弱，后者代表趋势较强。

2.MACD的应用法则

（1）当DIF和DEA处于0轴以上时，属于多头市场。当DIF线自下而上穿越DEA线时，是买入信号。当DIF线自上而下穿越DEA线时，如果两线值还处于0轴以上运行，仅仅只能视为一次短暂的回落，而不能确定趋势转折，此时是否卖出还需要借助其他指标来综合判断。

（2）当DIF和DEA处于0轴以下时，属于空头市场。当DIF线自上而下穿越DEA线时，是卖出信号。当DIF线自下而上穿越DEA线时，如果两线值还处于0轴以下运行，仅仅只能视为一次短暂的反弹，而不能确定趋势转折，此时是否买入还需要借助其他指标来综合判断。

（3）柱状线收缩和放大。一般来说，柱状线的持续收缩表明趋势运行的强度正在逐渐减弱，当柱状线颜色发生改变时，趋势确定转折。但在一些时间周期不长的MACD指标使用过程中，这一观点并不能完全成立。

（4）形态分析。MACD指标也强调形态和背离现象。当MACD指标曲线形成高位看跌形态等，如头肩顶、双头等时，应当保持警惕；而当MACD指标曲线形成低位看涨形态时，应考虑进行买入操作。

（5）背离情况分析。当价格持续升高，而MACD指标走出一波比一波低的走势时，意味着顶背离出现，预示着价格将可能在不久之后出现转头下行趋势；当价格持续降低，而MACD指标却走出一波高于一波的走势时，意味着底背离出现，预示着价格将很快结束下跌，转头上涨。

（6）牛皮市道中指标将失真。当价格并不是自上而下或者自下而上运行，而是保持水平方向移动时，我们称之为牛皮市道，此时虚假信号将在MACD指标中产生，指标DIF与DEA的交叉将会十分频繁，同时柱状线的收放也将频频出现，颜色也会常常由绿转红或者由红转绿。此时，MACD指标处于失真状态，使用价值降低。

最后谈一下MACD的缺点，同MA一样，在股市没有明显趋势而进入盘整时，失真的时候极多，对未来股价的上升和下降的深度不能提供有帮助的建议。因而投资者在实际操作中，应该不断总结经验，提高预测的准确性。

案例分析4-6

微课4-6

MACD案例分析

运用MACD指标分析图4-48的行情。

1.指标中的快线和慢线分别是哪条曲线？

2.金叉和死叉分别是哪个点？

3.买入的四个点位分别是哪些？

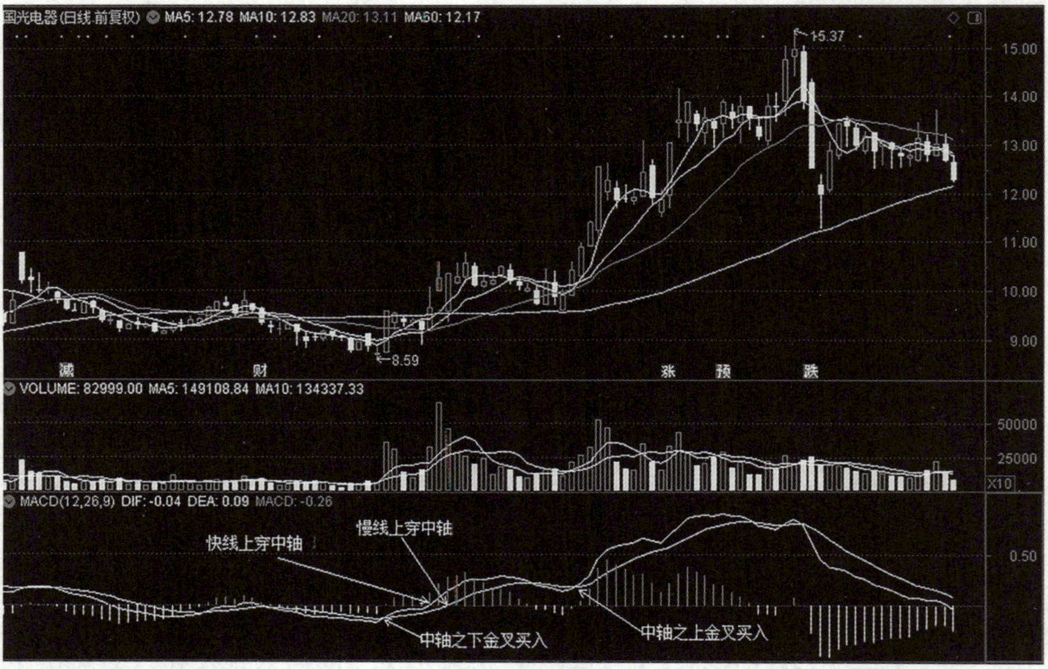

图4-48　国光电器（002045）2021年5月—2021年8月的行情

（三）相对强弱指标（RSI）

相对强弱指标是与KD指标齐名的常用技术指标，是以特定时期内股价的变动情况推测价格未来的变动方向，并根据股价涨跌幅度显示市场的强弱。

1.RSI的原理

简单来说，RSI的原理是以数字计算的方法求出买卖双方的力量对比。例如，有100个人面对一件商品，如果有50人以上要买入商品，竞相抬价，商品价格必涨。相反，如果有50人以上争着卖出商品，价格自然下跌。强弱指标理论认为，任何市价的大涨或大跌，均在0~100之间变动，根据常态分配，认为RSI值多在30~70之间变动。通常认为，当RSI值达到80甚至90时，市场处于超买状态，此时市场价格自然会回落调整；当RSI值跌至30以下时，市场处于超卖状态，此时市场价格将出现反弹回升。

RSI的计算一般以14天为周期，把上升的幅度作为买方力量的总和，将下跌的幅度作为卖方力量的总和，而判断股价的未来动向则是参考两种力量对比的结果。何时呈现超买状态，何时呈现超卖状态一目了然，从而使人们较好地掌握买入时机。不过，任何分析工具都有其优点和缺点，应用RSI进行投资分析时不能掉进公式化、机械化的泥潭中，因为任何事物都有特殊情况，RSI值超过95或低于15也并不出奇，不要低于30就入市买进，而高于70就抛售，应当结合其他技术指标具体分析。

2.RSI的应用法则

（1）不同参数的两条或多条RSI曲线的联合使用。

同MA指标一样，天数越多的RSI考虑的时间范围越大，结论越可靠，但反应速度慢，这是无法避免的。参数小的RSI称为短期RSI，参数大的RSI称为长期RSI。这样两条不同参数的RSI曲线的联合使用法则可以完全照搬MA中的两条MA线的使用法则。也就是说，若短期RSI＞长期RSI，则属多头市场；若短期RSI＜长期RSI，则属空头市场。当然，这只是参考，不能完全照此操作。

（2）根据RSI值的大小判断行情。

将100分成四个区域，根据RSI值落入的区域进行操作。极强与强的分界线和极弱与弱的分界线是不明确的，即这两个区域之间不能画出一条截然分明的分界线，这条分界线实际上是一个区域。在其他技术分析书籍中看到的30%、70%或者15%、85%，这些数字实际上是对这条分界线的大致描述。应该说明的是，分界线位置的确定与以下两个因素有关：

一是与RSI的参数有关。不同的参数，其区域的划分就不同。一般而言，参数越大，分界线离中心线（50%）就越近。

二是与选择股票本身有关。不同的股票，由于其活跃程度不同，RSI所能达到的高度也不同。一般而言，越活跃的股票，分界线的位置离中心线（50%）就越远；越不活跃的股票，分界线离中心线（50%）就越近。

市场是强市，我们要买入，但是强得过了头我们就该抛售，物极必反，量变引起质变是对这个问题最好的说明。

（3）从RSI的曲线形状上判断行情。

同KD指标一样，当RSI在较高或较低的位置形成头肩顶（底）或多重顶（底），是采取行动的信号。但需要记住的是，这些形态一定要出现在较高位置或较低位置，离中心线越远越好，越远结论越可信，出错的可能就越小。形态学中有关这类形状的操作原则这里都适用。与形态学紧密相联系的趋势线在这里也有用武之地，RSI在一波一波的上升或下降中，也会给我们提供画趋势线的机会。这些起着支撑线和压力线作用的切线一旦被突破，就是我们采取行动的信号。

（4）从RSI与股价的背离方面判断行情。

与KD指标一样，RSI也有利用背离进行操作的。RSI处于高位，并形成一峰比一峰低的两个峰，此时股价却对应的是一峰比一峰高，这叫顶背离。股价这一涨是最后的衰竭动作（若出现跳空，则是最后缺口），这是比较强烈的卖出信号。与这种情况相反的是底背离，RSI在低位形成两个依次上升的谷底，而股价还在下降，这是最后一跌或是接近最后一跌，是可以开始建仓的信号。

（5）极高的RSI值和极低的RSI值。

当RSI值处在极高位和极低位时，可以不考虑别的因素而单方面采取行动。比如，若上证指数的RSI值达到93%以上，则必须出货；若上证指数的RSI值低于5%，则一定要买进。当然，这里的93%和5%是可能变化的，它与RSI的参数有关，与选择的股票有关。

案例分析4-7

微课 4-7

RSI案例分析

运用RSI指标分析图4-49的行情。

1. 下图运用指标的什么方法分析？

2. 应该是买入还是卖出？位置在哪里？

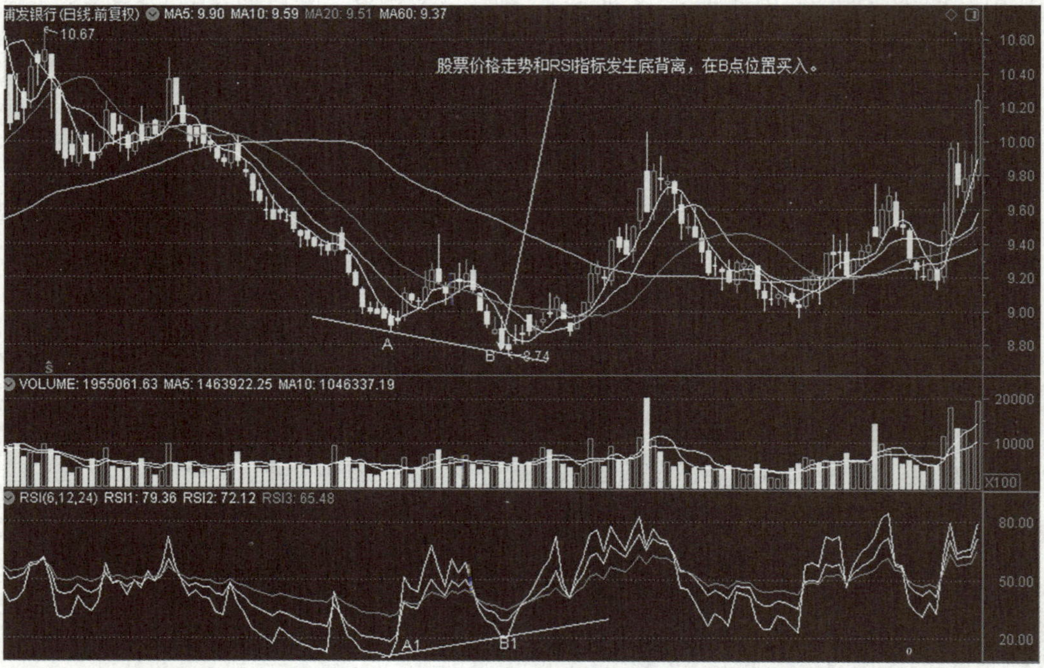

图4-49 浦发银行（600000）2020年9月—2020年12月的行情

（四）随机指标（KDJ）

随机指标最早起源于期货市场，由乔治·莱恩首创，是通过当日或最近几日最高价、最低价及收盘价等价格波动的幅度，来反映价格趋势的强弱。

1.KDJ指标的原理

在图表上共有K线、D线和J线三根线。随机指标在计算中考虑了计算周期内的最高价、最低价，以及股价波动中的随机振幅，因而人们认为随机指标更能真实地反映股价的波动，提示作用更加明显。其中，K线为快速指标、D线为慢速指标。当K线向上突破D线时，表示为上升趋势，可以买进；当K线向下突破D线时，可以卖出；当KD值升到90以上时，表示偏高；当KD值跌到20以下时，表示偏低。太高就有下跌的可能，而太低就有上涨的机会。

2.KDJ指标的应用法则

（1）从KD的取值方面考虑。

KD的取值范围是0~100%，将其划分为超买区、超卖区、徘徊区三个区域。按流行的划分法，80%以上为超买区，20%以下为超卖区，其余区域为徘徊区。根据这种划分，KD超过80%就应该考虑卖出，低于20%就应该考虑买入。这种操作很简单，但也很容易出错，完全按这种方法进行操作很容易招致损失。大多数对KD指标了解不深入的人，以为KD指标的操作就仅限于此，因而对KD指标的作用产生误解。应该说明的是，上述对0~100%的划分只是应用KD指标的初步过程，仅仅是一个信号，真正作出买卖决定时还必须结合其他方面考虑。

（2）从KD指标曲线的形态方面考虑。

当KD指标在较高或较低的位置形成了头肩顶（底）和多重顶（底）时，是采取行动的信号。需要注意的是，这些形态一定要在较高位置或较低位置出现，位置越高或越低，结论越可靠、越正确，操作时可按形态学方面的原则进行。对KD曲线我们也可以画趋势线，以明确KD的趋势。在KD曲线图中仍然可以引进支撑线和压力线的概念，若某一条支撑线或压力线被突破，则是采取行动的信号。

（3）从KD指标的交叉方面考虑。

K线与D线的关系就如同股价与MA的关系一样，也有死亡交叉和黄金交叉的问题，不过这里交叉的应用很复杂，还附带很多其他条件。下面以K线从下向上与D线交叉为例，对这个交叉问题进行介绍，K线上穿D线是金叉，为买入信号，这是正确的，但是出现了金叉是否就应该买入，还要考虑其他条件。

第一个条件是金叉的位置应该比较低，是在超卖区的位置，越低越好。

第二个条件是与D线相交的次数。有时在低位，K线和D线会交叉好几次，交叉的次数以2次为最少，越多越好。

第三个条件是交叉点相对于KD线低点的位置，即常说的“右侧相交”原则。K线是在D线已经抬头向上时才同D线相交，比D线还在下降时与之相交要可靠得多。换句话说，右侧相交比左侧相交好。

满足了上述条件时，买入就放心一些。少满足一条，买入的危险就多一些。但是，如果要求每个条件都满足，虽比较完全，但也会损失和错过很多机会。对于K线从上向下穿破D线的死叉，也有类似的结果，这里就不赘述了。

（4）从KD指标的背离方面考虑。

当KD处在高位或低位时，若出现与股价走向的背离，则是采取行动的信号。当KD处在高位并形成两个依次向下的峰时，而股价却在一个劲地上涨，这叫顶背离，是卖出的信号；与之相反，当KD处在低位并形成一底比一底高时，而股价却继续下跌，这叫底背离，是买入信号。

微课4-8

案例分析4-8

运用KDJ指标分析图4-50的行情。

KDJ案例分析

1. 下图运用指标的什么方法分析？

2. 应该是买入还是卖出？位置在哪里？

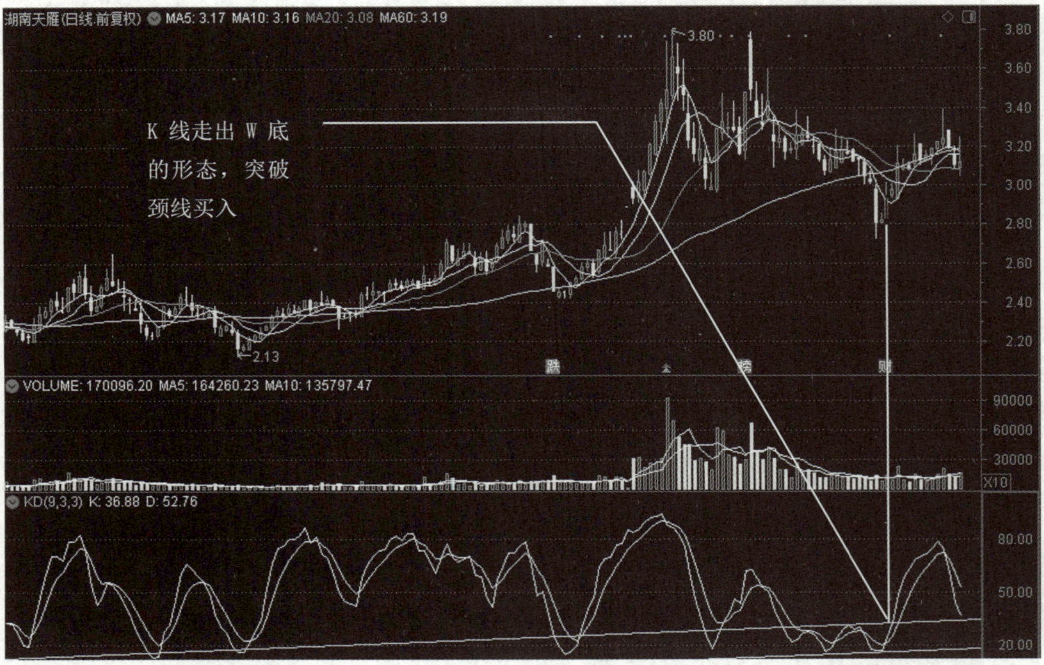

图4-50 湖南天雁（600698） 2021年7月—2021年8月的行情

实践训练

一、实训项目

技术指标分析（教师根据专业、学生掌握的情况选择指标实训）。

二、实训目的

熟练运用分析软件，使用技术指标的方法进行分析预测。

三、实训要求

1. 学生使用分析软件独立完成实训。

2. 任意选择一只股票（限沪深A股），找出某段区间，运用技术指标进行分析（不少于2种指标综合预测）。

3. 画出简图，标明日期和关键价位。

项目小结

1. 技术分析必须与基本分析结合起来使用，才能提高准确程度，单纯的技术分析是不全面的。

2. 注意多种技术分析方法的综合应用，切忌片面地使用某一种技术分析结果。

3. 前人的和别人的结论要通过自己的实践验证后才能放心地使用。

项目训练

一、单选题

1.秃头阳线和秃头阴线的特点是（　　）。

A.没有上影线　B.没有下影线　C.没有实体　D.没有影线

2.支撑线又称抵抗线，当股价跌到某个价位附近时，股价停止（　　），甚至有可能还有回升，这是因为多方在此买入造成的。

A.上升　B.盘整　C.运行　D.下跌

3.在上升趋势中，将两个低点连成一条直线，就得到（　　）。

A.下降趋势线　B.上升趋势线　C.黄金分割线　D.盘整趋势线

4.股价曲线的形态分成两个大的类型，持续整理形态的特点是（　　）。

A.保持平衡　B.打破平衡　C.打破压力　D.保持支撑

5.不属于反转突破形态的是（　　）。

A.双重顶和双重底　B.头肩顶和头肩底　C.圆弧形态　D.三角形态

6.三角形态中不包含（　　）。

A.等边三角形　B.对称三角形　C.上升三角形　D.下降三角形

7.在移动平均线的应用中，主要使用的是（　　）。

A.道琼斯法则　B.江恩法则　C.葛兰威尔法则　D.逆时针法则

8.MACD的应用法则，当DIF和DEA处于0轴以下时，属于（　　）市场。

A.空头　B.多头　C.观望　D.消息

9.相对强弱指标RSI是主要分析（　　）市场的指标。

A.长期　B.中期　C.短期　D.不定期

10.随机指标KDJ最早起源于（　　）市场。

A.期货　B.外汇　C.黄金　D.货币

二、多选题

1.技术分析的前提假设有（　　）。

A.市场行为包含一切信息　B.价格沿趋势运行

C.历史会重演　D.市场行为包含部分信息

2.技术分析的方法主要包含（　　）。

A.K线类　B.切线类　C.形态类　D.指标类

3.根据道氏理论，股票价格运动的趋势有（　　）。

A.基本趋势　B.次级趋势　C.短期趋势　D.上升趋势

4.K线图的特点有（　　）。

A.直观、立体感强、携带信息量大　B.蕴涵丰富的东方哲学思想

C.能充分显示股价趋势的强弱　D.图形丰富多样

5.分析K线的三大法则是（　　）。

A.阴线的影线越长，越有利于下跌；阳线的影线越长，越有利于上涨

B.如果上、下影线相对于实体来说非常小，那么分析的时候只看实体的长度

C.指向一个方向的影线越长，越不利于股票价格今后向这个方向变动

D.阴线实体越长，越有利于下跌；阳线实体越长，越有利于上涨

6.证券市场的投资者主要分为（　　）。

A.多头　　B.空头　　C.离开者　　D.观望者

7.如何判断趋势线的有效突破（　　）。

A.收盘价突破趋势线比最高价和最低价突破趋势线重要

B.穿越趋势线后，离趋势线越近，突破越有效

C.穿越趋势线后，在趋势线的另一方停留的时间越长，突破越有效

D.穿越趋势线后，离趋势线越远，突破越有效

8.股价曲线的形态可分为（　　）。

A.持续整理形态　　B.上升形态　　C.下降形态　　D.反转突破形态

9.持续整理形态有（　　）。

A.三角形态　　B.矩形形态　　C.旗形形态　　D.楔形形态

10.技术指标的应用法则有（　　）。

A.指标的背离　　B.指标的交叉

C.指标的高位和低位　　D.指标的转折

三、判断题

1.道氏理论只能判断股市的大趋势，不能判断大趋势升幅或者跌幅的程度。（　　）

2.道氏理论对选股有非常大的帮助。（　　）

3.技术分析必须与基本分析结合起来使用，才能提高准确程度，单纯的技术分析是不全面的。（　　）

4.实践证明，虽然单独使用一种技术分析方法有相当的局限性和盲目性，但准确度很高。（　　）

5.若确定是一段上升（或下降）的趋势，则价格的波动必然朝着这个方向运动。（　　）

6.上升趋势线起压力作用，下降趋势线起支撑作用。（　　）

7.画黄金分割线要找到一个点，这个点是上升行情结束，调头向下的最高点，或者是下降行情结束，调头向上的最低点。（　　）

8.反转形态是指股票价格改变原有的运行趋势所形成的运动轨迹。（　　）

9.当股指或股价上涨时，移动平均线托着K线上升，即K线在均线的左上方，这种现象叫空头排列。（　　）

10.技术指标的盲点主要是指技术指标无能为力的时候。（　　）

四、综合实训

通过本项目的学习，综合使用K线分析、切线分析、形态分析和技术指标分析等方法，在我国股票市场选择一个标的物进行模拟投资。

实训要求：

1.学生使用分析软件独立完成实训。

2.写清楚股票名称、代码、使用的分析方法。

3.画出简图，标明日期和买卖的价位。

项目五
证券投资组合与监管

学习目标

知识目标

掌握证券投资组合的相关知识；理解马科维茨的投资组合理论及简单应用；掌握我国证券市场的监管机构和监管模式；熟悉证券市场的法律法规相关内容。

能力目标

能够根据不同的投资目标进行不同的投资组合管理；能够利用证券市场监管的相关知识对实际发生的案例进行分析，解决实际问题。

思政目标

培养学生树立正确的投资价值观；培养学生树立良好的职业道德操守和求真务实的工作作风。

成功的证券投资，除了要做好证券投资分析外，也要掌握必备的投资组合相关知识。但是，证券市场既可以为投资者带来收益，也可以为投资者带来许多风险，此时对证券市场的监管就变得尤为重要了。

本项目将介绍证券投资组合的相关知识以及证券市场监管的相关内容。

任务一　证券投资组合

证券投资具有诸多风险因素，证券投资组合是为了避免证券投资风险，确保证券投资的盈利性、流动性和安全性，而对各种证券投资进行的合理搭配。事实上，证券投资组合就是我们常说的“鸡蛋不要放在同一个篮子里”。任务一将对证券投资组合的相关知识进行学习。

知识准备

一、证券投资组合概述

（一）证券投资组合的含义

组合一词对应的英文是portfolio，该词源于拉丁语中的portafoglio，在古罗马时期，portafoglio是指装国家重要文件的公文包。在现在的英语词典中，它的首义也为纸夹、公文包。如果从其词典释义出发，再结合人们的感觉，无非就是一个时髦皮夹里摆着的一叠文件。但在金融投资理论与实践中，证券组合通常是指个人或机构投资者所拥有的由股票、债券以及衍生金融工具等多种金融产品构成的一个投资集合。

（二）证券投资组合的必要性

组合理论是建立在对理性投资者行为特征进行研究的基础之上的。在经典经济理论中，厌恶风险和追求收益最大化都是理性投资者最基本的行为特征，对证券投资进行组合管理，可以在降低资产组合风险的同时，实现收益最大化。

1.降低风险

人们常常用篮子装鸡蛋的例子来说明：如果我们把鸡蛋放在同一个篮子里，万一这个篮子不小心掉在地上，所有的鸡蛋都可能摔碎；而如果我们把鸡蛋分放在不同的篮子里，即使一个篮子掉了，也不会影响到其他篮子里的鸡蛋。投资组合理论表明，资产组合的风险随着组合中所含证券数量的增加而降低，或者说收益率之间相关度极低的分散化资产组合可以有效地降低非系统性风险。

2.实现收益最大化

理性投资者都厌恶风险，同时又追求收益最大化。就单个资产而言，风险与收益是成正比的，高收益总是伴随着高风险。但是，各种资产不同比例的组合，却可以使证券组合整体的收益-风险特征达到在同等风险水平下收益最高或在同等收益水平下风险最小的理想状态。

（三）证券组合的基本类型

证券组合通常以组合的投资目标为标准进行分类。以美国为例，证券组合可分为避税型证券组合、收入型证券组合、增长型证券组合、收入-增长型证券组合、货币市场型证券组合、国际型证券组合和指数化型证券组合等。

1.避税型证券组合

这种证券组合以避税为首要目的，主要服务处于高税率档次的富人，通常投资于政府债券，这种债券在大多数国家都是免税的。

一个处于高税率档次的富人，如果投资于高股息或高利息的证券上，在纳税后，他实际上剩不下多少钱；而一个处于50%税率档次的投资者，如果购买了一种利率为6%的免税债券，就相当于他获得了12%的税前收益率。

2.收入型证券组合

这种证券组合追求的是低风险和基本收益（即利息、股息收益）的稳定。能够带来基本收益的证券有附息债券、优先股及一些避税债券等。

一般来说，年纪较大的投资者、需要负担家庭生活及教育费用的投资者，以及有定期支出的机构投资者（如养老基金等）会偏好这种证券组合。

3.增长型证券组合

这种证券组合以资本升值（即未来价格上升带来的价差收益）为目标，投资者往往愿意通过延迟获得基本收益来求得未来收益的增长，因而投资风险较大。增长型证券组合的管理要想获得成功，就一定要严格遵守组合的基本步骤和基本原则。所谓增长，是指收益要远高于市场平均收益，因此选股极为重要。

朝气蓬勃的年轻人及高税率阶层人士往往偏好这种组合，年轻人希望通过延迟眼前的收益来获得未来收益的增长，高税率阶层人士则是看重长期资本收入的所得税税率低于基本收益的所得税税率。

4.收入-增长型证券组合

这种证券组合试图在基本收益与资本增长之间、收益与风险之间达到某种均衡，因此又称均衡组合。

两者的均衡可以通过两种组合方式获得：一种是使组合中的收入型证券和增长型证券达到均衡；另一种是选择那些既能带来基本收益，又具有增长潜力的证券进行组合。

5.货币市场型证券组合

这种证券组合是由各种货币市场工具构成的，如国债、高信用等级的商业票据等。货币市场交易具有规模大、价差波动小的特点，不适宜小额投资，但这种组合使中小投资者得以参与货币市场投资。

6.国际型证券组合

这种证券组合投资于海外不同国家，既是组合管理的时代潮流，也是经济、金融全球化和国际资本流动的必然结果。实证研究结果表明，这种证券组合的业绩总体上强于只在本土投资的组合，因为它可以减弱国家或地区的风险，在世界范围内追求收益最大化。

7.指数化型证券组合

这种证券组合模拟某种市场指数，信奉有效市场理论的机构投资者通常会倾向于这种组合，以求获得市场平均的收益水平，因此也常被称为追踪基金或被动基金。

教学互动5-1

假如你是刚毕业的大学生，尚未成家，每月工资略有盈余，想进行证券投资，这时你会采取怎样的证券组合？

二、投资组合理论

微课5-1

证券投资组合理论

（一）投资组合理论概述

美国经济学家马科维茨于1952年首次提出投资组合理论，并进行了系统、深入和卓有成效的研究，他因此获得了诺贝尔经济学奖。

该理论包含两个重要内容，分别是均值-方差分析方法和投资组合有效边界模型。在成熟的证券市场中，马科维茨投资组合理论早已在实践中被证明是行之有效的，并且被广泛应用于组合选择和资产配置。

人们进行投资，本质上是在不确定性的收益和风险中进行选择。投资组合理论用均值-方差来刻画这两个关键因素。所谓均值，是指投资组合的期望收益率，它是单只证券的期望收益率的加权平均，权重为相应的投资比例。当然，股票的收益还包括分红派息和资本增值两个部分。所谓方差，是指投资组合的收益率的方差。我们把收益率的标准差称为波动率，它刻画了投资组合的风险。

人们在证券投资决策中应该怎样选择收益和风险的组合呢？这正是投资组合理论研究的中心问题。投资组合理论研究的是“理性投资者”应如何选择优化投资组合的问题。所谓理性投资者，是指能作出最优选择的投资者，他们在给定期望风险水平下对期望收益进行最大化的选择，或者在给定期望收益水平下对期望风险进行最小化的选择。

把上述优化投资组合在以收益率标准差为横坐标、期望收益率为纵坐标的二维平面中描绘出来，就形成一条曲线，这条曲线上有一个点，其收益率标准差最低，称之为最小方差点（MVP）。这条曲线在最小方差点以上的部分就是投资组合有效边界，对应的投资组合称为有效投资组合。

投资组合的收益率曲线上，任意一个投资组合要么落在有效边界上，要么处于有效边界之下。因此，有效边界包含了全部最优投资组合，理性投资者宜在有效边界上选择投资组合，如图5-1所示。

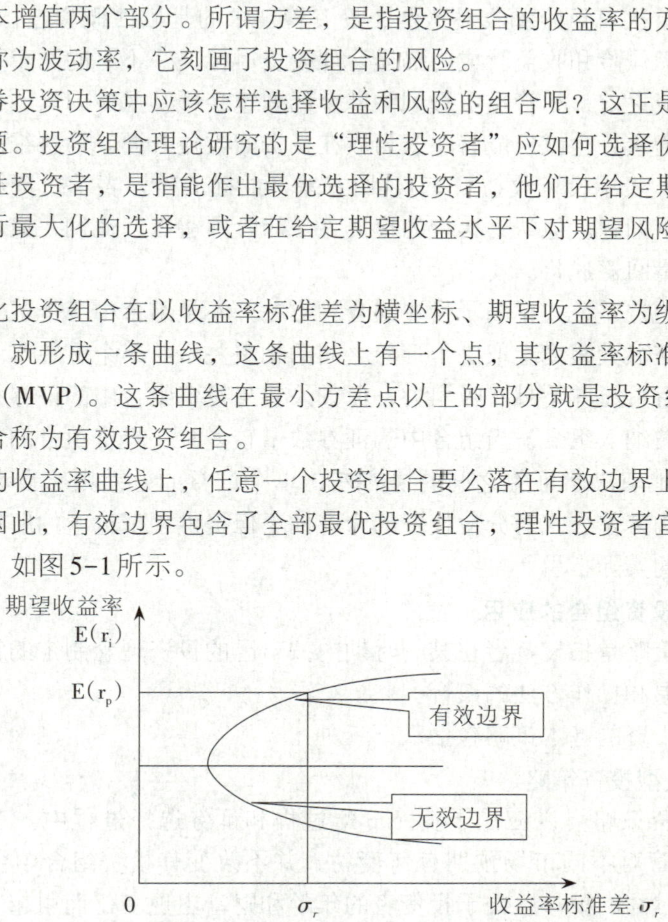

图5-1 投资组合的收益率曲线

教学互动5-2

在有效边界上的点收益率与风险是怎样的？

（二）投资组合理论的应用

投资组合理论为有效投资组合的构建和投资组合的分析提供了重要的理论基础和一整套分析体系，对现代投资管理实践的影响主要有以下两项内容：

1.是分散投资的理论依据

在马科维茨之前，尽管人们很早就对分散投资能够降低风险有一定的认识，但从未在理论上形成系统化的认识。投资组合理论关于分散投资的合理性的阐述，为基金管理业的存在提供了重要的理论依据。马科维茨提出的“有效投资组合”概念，使基金经理从过去一直关注对单个证券的分析转向了对构建有效投资组合的重视。20世纪50年代初期，自马科维茨发表著名的论文以来，投资管理已从过去专注选股转为专注对分散投资和组合中资产之间的相互关系上来。

2.被应用于证券投资的最优配置

马科维茨首次对风险和收益这两个投资管理中的基础性概念进行了准确的定义。从此，同时考虑风险和收益就成为描述合理投资目标缺一不可的两个要件。

在马科维茨之前，尽管投资顾问和基金经理也会顾及风险因素，但是由于不能对风险加以有效衡量，也就只能将注意力放在投资的收益方面。马科维茨用投资回报的期望值（均值）表示投资收益（率），用方差（或标准差）表示投资风险，解决了对资产风险的衡量问题。他认为典型的投资者是风险回避者，他们在追求高预期收益率的同时，会尽量回避风险。

投资组合的方差公式说明了投资组合的方差并不是组合中各个证券方差的简单线性组合，而是在很大程度上取决于证券之间的相关关系。单个证券本身的收益和标准差指标对投资者可能并不具有吸引力，但如果它与投资组合中的证券相关性小甚至负相关，它就会被纳入组合。当组合中的证券数量较多时，投资组合的方差的大小在很大程度上更多地取决于证券之间的协方差，单个证券的方差则会居于次要地位。因此，投资组合的方差公式对分散投资的合理性不但提供了理论上的解释，而且提供了有效分散投资的实际指引。

三、证券投资组合的应用

投资组合策略是指投资者在某一时期内按自己的投资理念制定的符合市场和操作规律的操作对象和操作方法的组合。

常用证券投资的基本策略包括以下三种：

（一）消极型投资策略

消极型投资策略可以应用于资产分配过程和证券选择过程中。在决定资产分配时，投资者不管对不同市场预期有何变动，并不改变其投资组合中各资产的投资比例。只有随着时间的推移，由于投资者的年龄和财富出现变化而引起其风险承受能力发生变化时，资产组合的投资比例才会被加以调整。

一般认为，采取消极型投资策略的投资者所了解证券的程度与别人完全一致，并且其所了解的信息已经反映在证券市场的价格上，这样的投资者会认为市场上的证券定价合理，如果不能预测出哪只证券有超额收益，最好的投资策略就是投资多样化，避免“将所有的鸡蛋都放在同一个篮子里”。

（二）积极型投资策略

某些投资者相信自己具有超出市场上其他投资者的能力，相信市场是有效的，市场上的某些证券定价不合理，其价值被高估或被低估，他们通过卖出价值高估的证券或买进价值低估的证券，来获得超过市场平均收益的超额收益。这种投资操作策略为积极型投资策略。

积极型投资策略包括两层含义：证券分析和证券选择。证券分析侧重于对特定的行业和公司所处的市场地位进行评估。积极型投资策略就是利用许多分析者的报告筛选出所要投资的证券，然后运用对市场状况的预测来进行资产分配决策。

（三）行为金融学下的投资策略

自20世纪80年代以来，与现代金融理论相矛盾的实证研究结果不断涌现，其矛盾主要体现在投资策略的改变上。下面介绍几种典型的行为金融学下的投资策略：

1.利用小公司效应

小公司效应是指小盘股比大盘股的收益率高的现象。而且小公司效应的出现大部分集中在1月份。由于公司的规模和1月份的到来都是市场已知信息，这一现象明显地违背了有效市场假说。高市盈率的股票风险更大，在大盘下跌和经济衰退时，其表现特别差。市盈率与收益率的反向关系对有效市场假说形成了严峻的挑战，因为这时已知的信息对收益率有明显的预测作用。

2.反向投资策略

反向投资策略就是买进过去表现差的股票，而卖出过去表现好的股票来进行套利的投资方法。一些研究显示，如选择市盈率低或历史收益率低的股票，往往可以得到比预期收益高很多的收益，而且这种收益是一种“长期异常收益”。行为金融理论认为反向投资策略是对股市过度反应的一种纠正，是一种简单外推的方法。

3.动量交易策略

动量交易策略是指以股票收益和交易量设定交易准则，当满足该交易准则时就买入成交的投资策略。行为金融理论定义的动量交易策略源于对股市中间收益延续性的研究。

4.成本平均策略和时间分散化策略

成本平均策略是指投资者以不同的价格分批买进股票，以摊低成本的投资策略。时间分散化策略是指随着投资者年龄的增长而将股票在投资组合中所占比例逐步予以降低的投资策略。

行为金融理论已经开始成为金融研究中一个十分引人注目的领域，它对原有理论框架中的现代金融理论进行了深刻的反思，从人的角度来解释市场行为，充分考虑市场参与者的心理因素的作用，为人们理解金融市场提供了一个新的视角。

教学互动5-3

买入指数成分股组合并持有，属于哪种证券投资策略？

课堂训练5-1

沈先生在大型跨国企业任部门经理，每月1.2万元的收入相当可观，但工作异常繁忙，且经常需要出差。妻子也是同类企业的职员，月收入8 000元，平时也很忙碌。沈先生当年的婚房是现成的，婚后又和妻子在市区周边贷款购买了一套200平方米的复式商品房作为投资，当时售价为70万元，首付25万元，月供5 000元。此外，目前沈先生家中尚有定期存款10万元，货币基金20万元，自备车一辆，每月支出2 000元。

沈先生有一个四岁的女儿，由于他和太太工作压力大，上班时间长，无法全心照顾女儿，因此只得选择市区的一家名牌全托幼儿园，每月托费为2 000元。女儿回家的日子里，沈先生和妻子无论如何都要抽出时间陪她逛公园、买玩具、添新衣、吃快餐，不计花费，共享三口之家难得的快乐时光。粗略估计，沈先生养育女儿的花费每年达到3万元左右。

沈先生几年前投资的复式房产如今已增值到120万元左右，房贷3年内也可以还清。但妻子正考虑等女儿上小学后换一份轻松的工作，抽出时间来关心孩子的学业，因此估计家庭收入在近几年内也会有所减少。总体来看，家庭年收入24万元，家庭存款10万元，不动产有自住房产一套、投资房产一套，其他资产包括货币基金20万元、自备车一辆、负债房贷月供5 000元，家庭年总支出18万元，子女教育年支出3万元。

思考与讨论：如果你是沈先生的客户经理，你将对其资产进行怎样的投资组合？

拓展阅读5-1

证监会组织开展2022年3·15投资者保护主题教育活动

在2022年“3月15日国际消费者权益日”来临之际，证监会投保局指导系统各单位以“理性认识市场投资量力而行”为主题组织开展了投资者保护主题教育活动，取得良好效果。

一、统一部署，明确要求

2月23日，证监会投保局向系统各单位发出《关于做好3·15投资者保护主题教育活动的函》，请系统各单位围绕全面实行股票发行注册制、提升上市公司质量、防范化解重点领域风险、基础设施REITs、投资者适当性管理等工作和近期市场热点，结合辖区实际或职责范围，制作投教产品，组织开展投教活动，提高中小投资者的投资知识水平和风险防范意识，树立理性投资、价值投资、长期投资理念，切实加强市场经营主体的投资者保护意识和落实适当性管理制度水平，推动解决投资者反映突出的问题，使维护投资者合法权益成为各类市场经营服务主体的自觉行动。

截至目前，全国范围内共开展投教活动1.6万余场，覆盖投资者超4 000万人次，制作原创投教产品1万余种，发放实物投教产品400万件，电子投教产品点击量超过9.8亿次。

二、多点发力，务求实效

按照证监会投保局统一部署，各单位积极行动，推动投资者教育提质增效，主要开展了以下工作：

一是积极倡导理性投资、价值投资、长期投资。证监会投保局广泛动员市场各方把证券期货知识送到投资者身边，推动理性投资、价值投资、长期投资理念生根落地。针对3·15期间外部风险扰动、市场波动加大，引导投资者客观看待行情波动，理性认识市场。山西局指导辖区投教基地开展“市场纵有波澜，投资亦当从容”线上投教活动。黑龙江局指导辖区行业协会结合行为金融学知识制作理性思维漫画作品，引导辖区投资者正确认识市场，提高风险应对能力。贵州局指导辖区市场经营机构组建户外投教宣传小组，实现“面对面”教育，“零距离”警示。基金业协会组织多家基金公司开展投教宣传，引导投资者理性看待市场涨跌。上期所、郑商所、大商所针对大宗商品价格剧烈波动，多次提示会员单位和期货投资者做好风险防范，理性投资，共同维护市场平稳运行。

二是全面开展“读懂上市公司报告”投教活动。为配合推进以信息披露为核心的注册制改革，“读懂上市公司报告”专项投资者教育活动持续进行。沪深交易所制作了《招股说明书问答手册》《读懂上市公司定期报告基础问答》等基础投教材料，帮助中小投资者“明明白白读懂、真真切切看透”上市公司信息披露文件。投服中心、上海局、深圳局、天津局、青海局共同举办“读懂公司年报，做理性投资”系列宣传活动，线上开展主题讲座，提升投资者的研究分析、价值发现、风险识别能力。证券业协会制作视频课程、情景短剧、干货知识点长图文等投教产品，既从创意、形式上满足不同投资者的知识获取习惯，又从内容上覆盖不同知识深度，适配投资者差异化需求。山西局、辽宁局、吉林局、江苏局、山东局、海南局、四川局等派出机构积极组织开展配套投教活动，鼓励投资者养成愿读、会读上市公司报告的习惯。

三是基础设施REITs投教持续推进。针对近期基础设施REITs市场成交活跃、波动幅度加大的情况，证监会投保局指导市场各方有针对性地提醒投资者关注风险，理性参与交易。沪深交易所制作手册、海报、动画、漫画、长图文、微课等投教产品，在官网、投教网站、投教基地、新闻媒体设专栏专区，帮助投资者快速了解REITs的产品特点、风险特征，提醒投资者避免过度炒作。湖北局、云南局等派出机构指导投教基地以文章、漫画、讲座等多种形式为投资者讲解基础设施REITs产品特性和风险特征，有针对性地提醒投资者关注风险，引导投资者基于自身风险偏好和资金实力理性参与投资。

四是北交所投资者教育同步开展。在前期开展“牵手北交所，共迎新起点”专项投教活动的基础上，证监会投保局继续组织市场主体、投教基地开展北交所专项投教，帮助投资者准确理解北交所的制度要点。河南局联合北交所举行走进北交所上市公司云端在线活动，带领投资者走进北交所上市公司，介绍北交所制度规则，进行行业分析解读，参观上市公司生产厂房。北京局、西藏局指导辖区证券经营机构开展网络知识竞赛，湖南局指导投教基地制作原创投教视频《共话“北交”新时代》，讲解北交所特色交易制度。

五是精准聚焦开展防非宣传。结合当前非法证券期货活动形势，各单位精准聚焦，靶向发力，重点聚焦非法荐股活动，聚焦老年人、青年人等易受侵害群体，聚焦互联网涉非活动高发地，大力开展防非宣传。浙江局有针对性地宣传非法荐股典型案例、作案手法、防范措施、政策法规等，积极引导舆论热点。福建局开展“关注老年群体送服务进社区”八闽行等投教宣传活动，提高老年投资者的风险意识。河南局公布辖区不具有证券期货经营资质机构黑名单，提示投资者提高警惕，远离非法证券期货活动。陕西局以编创投教三句半、小品、短剧等形式揭示非法证券期货欺骗手法，倡导投资者通过正规渠道投资理财。河北局、安徽局、甘肃局针对辖区农村金融知识普及率低、部分农民受疫情影响无法外出打工的实际，指导辖区机构为留守农民工开展防范非法集资专题讲座。期货业协会制作“期海导航之以案说法系列”投教视频，引导投资者远离非法期货。内蒙古局、广东局、重庆局、宁波局、厦门局等指导辖区市场主体联合当地法院、公安机关等开展线上防非反诈讲座，帮助投资者理性辨别、防范各类金融诈骗陷阱，普及金融消费者权益保护知识。

资料来源：佚名．证监会组织开展2022年3·15投资者保护主题教育活动［EB/OL］.［2022-04-01］．http://www.csrc.gov.cn/csrc/c100210/c2263090/content.shtml.

实践训练

某客户经理制订了A、B两个投资组合方案，计划投资额均为100万元，其收益率的概率见表5-1。

表5-1　两个投资组合方案的收益率的概率

市场状况	概率	A组合	B组合
好	0.2	20%	30%
一般	0.6	10%	10%
差	0.2	5%	-5%

1.分别计算A、B两个组合预期收益率的期望值。
2.分别计算A、B两个组合收益率的标准差。
3.根据风险的大小，判断A、B两个投资组合的优劣。

任务二　证券投资监督管理

证券市场监管是中国金融市场监管的重要组成部分。中国金融市场执行“一委一行两会”的监管体系，如图5-2所示。

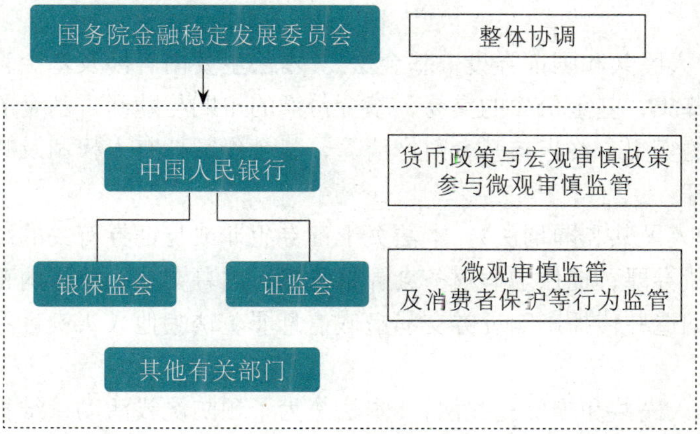

图5-2　我国的金融监管体系（一委一行两会）

事实上，活跃的金融市场离不开完善的金融监管体系，而证券市场的良好运作更是离不开证券市场的监管。任务二将对证券市场监管的相关知识进行学习。

知识准备

一、证券市场监管概述

证券市场监管是指证券监督管理机关运用法律的、经济的以及必要的行政手段，对证券的募集、发行、交易等行为，以及证券投资中介机构的行为进行监督与管理。

（一）证券市场的法律法规

我国证券市场的法律、法规分为四个层次：第一个层次是指由全国人民代表大会或全国人民代表大会常务委员会制定并颁布的法律；第二个层次是指由国务院制定并颁布的行政法规；第三个层次是指由证券监管部门和相关部门制定的部门规章及规范性文件；第四个层次是指由证券交易所、中国证券业协会及中国证券登记结算有限公司制定的自律性规则。以下简单介绍前三个层次的法律、法规。

1. 法律

全国人民代表大会或全国人民代表大会常务委员会制定并颁布的与证券相关的法律包括：

（1）《中华人民共和国证券法》（以下简称《证券法》）。本法主要内容涉及证券发行、证券交易、上市公司的收购、证券交易所、证券公司、证券登记结算机构、证券服务机构、证券业协会、证券监督管理机构、法律责任。修订后的《证券法》于2020年3月1日开始施行，其扩展了证券的范围，明确了证券公开发行注册制的方向，在规范证券公开发行与交易、加大对证券违法活动打击力度、保护投资者利益和完善监管手段等方面作出了重要修改。这标志着我国资本市场的市场化、法治化迈上了新台阶。

（2）《中华人民共和国公司法》。本法主要内容涉及有限责任公司的设立和组织机构，有限责任公司的股权转让，股份有限公司的设立和组织机构，股份有限公司的股份发行和转让，公司董事、监事、高级管理人员的资格和义务，公司债券，公司财务和会计，公司合并、分立和增资、减资，公司解散和清算，外国公司的分支机构，法律责任等。

（3）《中华人民共和国证券投资基金法》。本法主要内容涉及基金管理人，基金托管人，基金的募集，基金份额的交易，基金份额的申购与赎回，基金的运作与信息披露，基金合同的变更、终止与基金财产清算，基金份额持有人权利及其行使，监督管理，法律责任等。

（4）《中华人民共和国刑法》。本法关于证券犯罪或与证券有关的主要规定有：欺诈发行股票、债券罪；提供虚假财务会计报告罪；内幕交易、泄露内幕信息罪；操纵证券市场罪；编造并传播影响证券交易虚假信息罪、诱骗他人买卖证券罪及其他证券犯罪。

（5）《中华人民共和国反洗钱法》。本法是为了预防洗钱活动，维护金融秩序，遏制洗钱犯罪及相关犯罪而制定的。

2.行政法规

国务院制定并颁布的与证券相关的行政法规主要有以下两部：

（1）《证券公司监督管理条例》。本条例包括证券公司的设立与变更、组织机构、业务规则与风险控制、客户资产的保护和监管措施等内容。

（2）《证券公司风险处置条例》。本条例是为了控制和化解证券公司风险，保护投资者合法权益和社会公共利益，保障证券业健康发展而制定的。其中，处置证券公司风险的具体措施有停业整顿、托管、接管、行政重组和撤销等。

3.部门规章及规范性文件

证券监管部门和相关部门制定的部门规章及规范性文件主要有《证券发行与承销管理办法》《首次公开发行股票并在创业板上市管理暂行办法》《上市公司信息披露管理办法》《证券公司融资融券业务管理办法》《证券市场禁入规定》等，其内容均可在中国证监会网站查阅。

“教学互动5-4”案例

教学互动5-4

扫码观看左侧二维码视频中的案例，分析该案例违反了证券市场的哪些法律、法规。

（二）证券市场监管机构

我国证券市场经过30多年的发展，逐步形成了以国务院证券监督管理机构、国务院证券监督管理机构的派出机构、证券交易所、行业协会和证券投资者保护基金有限责任公司为一体的监管体系和自律管理体系。

国务院证券监督管理机构为中国证券监督管理委员会（以下简称“中国证监会”），是国务院直属机构，是全国证券、期货市场的主管部门，按照国务院授权履行行政管理职能，依照相关法律、法规对全国证券、期货市场实行集中统一监管，维护证券市场秩序，保障其合法运行。中国证监会在上海、深圳等地设立9个稽查局，在各省、自治区、直辖市、计划单列市共设立36个证监局，这些都属于中国证监会的派出机构。

中国证监会主要有以下两项职责：

一是根据法律和国务院行政法规制定证券市场规章及规范性文件，以规范证券市场稳健运行，具体包括：研究和拟订证券、期货市场的方针政策、发展规划；起草证券、期货市场的有关法律、法规；制定有关证券、期货市场监管的规章、规则和办法。

二是在国务院的领导下对证券市场进行监督管理。

（三）证券市场监管的目标、手段、原则

1. 证券市场监管的目标

证券市场监管的目标有三个：一是保护投资者利益；二是保证证券市场的公平、效率和透明；三是降低系统性风险。

我国证券市场监管的目标为：发挥证券市场机制的积极作用，限制其消极作用；保护投资者合法权益，保障合法的证券交易活动，监督证券中介机构依法经营；防止人为操纵、欺诈等不法行为，维持证券市场的正常秩序；根据国家宏观经济管理的需要，运用灵活多样的方式，调控证券发行与交易规模，引导投资方向，使之与经济发展相适应。

2. 证券市场监管的手段

证券市场监管的手段丰富多样，可大致分为以下三种。

（1）法律手段。法律手段是指通过建立完善的证券法律、法规体系和严格执法来对证券市场进行干预。这是证券市场监管的主要手段，具有较强的威慑力和约束力。

（2）经济手段。经济手段是指运用利率政策、公开市场业务、信贷政策、税收政策等经济手段对证券市场进行干预。这种手段相对比较灵活，但调节过程较慢，可能存在时滞。

（3）行政手段。行政手段是指通过制订计划、政策等对证券市场进行行政性干预。这种手段比较直接，但运用不当可能会违背市场规律，从而无法发挥作用。

3. 证券市场监管遵循的原则

证券市场监管遵循以下四项原则：①依法监管原则；②保护投资者利益原则；③“三公”原则，即公开、公平、公正；④监督与自律相结合的原则，国家对证券市场的监管是证券市场健康发展的保证，而证券从业者的自我管理是证券市场正常运行的基础，监督与自律相结合的原则是世界各国共同奉行的原则。

（四）证券市场监管的内容

1. 对证券发行及上市的监管

中国证监会主要从以下方面对证券发行及上市进行监管：

（1）证券发行注册制。证券发行注册制又称申报制或形式审查制，是指政府对发行人发行证券，事先不作实质性审查，仅对申请文件进行形式审查，发行人在申报申请文件以后的一定时期内，若没有被政府否定，即可以发行证券。证券管理机构的职责是审查信息资料的全面性、真实性、准确性、及时性，以保证信息公开制度能够贯彻始终。值得注意的是，管理者无权对证券发行行为及证券本身作出价值判断。

教学互动5-5

我国当前证券发行采取哪种制度？有何优缺点？

（2）证券发行与上市的信息公开制度。证券发行与上市时，股份公司必须公开或公布其有关的信息和资料。

（3）证券发行上市保荐制度。企业首次公开发行证券和上市公司再次公开发行证券都需要保荐机构和保荐代表人保荐。保荐期间分为尽职推荐和持续督导两个阶段，且各自都有明确的保荐期限。保荐机构和保荐代表人在向监管部门推荐公开发行证券的企业前，要对企业进行辅导和尽职调查，并在推荐文件中对发行人的信息披露质量、独立性和持续经营能力等作出必要的承诺。

2.对交易市场的监管

中国证监会主要从以下方面对证券交易市场进行监管：

（1）证券交易所的信息公开制度。上市公司为保障投资者利益和接受社会公众的监督，依照法律规定必须公开或公布其有关的信息和资料。

（2）对操纵市场的监管。操纵市场是指某一组织或个人以获取利益或者减少损失为目的，利用其资金、信息等优势，或者滥用职权，影响证券市场价格，制造证券市场假象，诱导或者致使投资者在不了解事实真相的情况下作出证券投资决定，扰乱证券市场秩序的行为。

（3）对欺诈客户的监管。欺诈客户是指以获取非法利益为目的，违反证券管理法规，在证券发行、交易及相关活动中的欺诈客户、虚假陈述等行为。

（4）对内幕交易的监管。内幕交易是指公司董事、监事、经理、职员、主要股东、证券市场内部人员或市场管理人员，以获取利益或减少经济损失为目的，利用地位、职务等，获取发行人未公开的、可以影响证券价格的重要信息，进行有价证券交易，或泄露该信息的行为。

3.对上市公司的监管

中国证监会对上市公司的监管主要是对上市公司信息披露的监管，以约束证券发行人的行为，促使其改善经营管理。中国证监会对上市公司的监管，有利于证券市场形成更合理的发行价格与交易价格，有利于维护广大投资者的合法权益，有利于提高证券市场效率。

上市公司信息披露必须遵循以下原则：

（1）真实性原则。真实性原则是指公司公开的信息必须具有客观性、一致性和规范性，不得作虚假陈述。

（2）准确性原则。准确性原则是指公司公开的信息必须准确无误，不得有误导性陈述或模糊不清的语言使公众对其公布的信息产生误解。准确性原则不是强调已公开信息与信息所反映的客观事实之间的一致性，而是强调信息发布者与信息接收者之间以及各个信息接收者之间对同一信息在理解上的一致性。

（3）完整性原则。完整性原则是指公司必须把能够供投资者判定证券投资价值的情况全部公开，其有质与量两个方面的规定。首先，应充分公开的信息，在性质上必须是重大信息；其次，应充分公开的信息，在数量上必须达到一定的标准，足以使投资者在通常情况下能够据此作出恰当的投资判断。

（4）及时性原则。及时性原则是指公司必须在合理的时间内尽可能迅速地公开其应公开的信息，不得延迟。

4. 对证券经营机构的监管

中国证监会对证券经营机构的监管内容主要包括对证券经营机构准入的监管、对证券公司业务的核准、对证券公司的日常监管，监管形式主要有现场监管和非现场监管两种。

二、证券市场监管模式

微课 5-2

证券市场监管模式

证券市场监管是国家金融监管的重要组成部分。证券市场监管模式是指国家关于证券市场监管的体制安排。

因为各国证券市场发展水平不同、政府宏观调控手段不同，所以各国证券市场监管模式也不一样。概括起来，证券市场监管模式主要有以下三种：

（一）集中型证券市场监管模式

在集中型证券市场监管模式下，由政府下属的部门或直接隶属于立法机关的国家证券监管机构对证券市场实行集中统一监管，而证券交易所、证券行业协会等各种自律性组织的自律管理起协助作用。

集中型证券市场监管模式有以下优点：

一是集中型证券市场监管模式能够公平、公正、高效、严格地发挥监管作用，并能够协调全国各证券市场，可防止重复监管和监管真空，防止出现过度投机的混乱局面。

二是集中型证券市场监管模式可以使监管机构统一实施证券法律，使证券市场行为有合理的预期，从而提升证券市场监管的权威性。

三是集中型证券市场监管模式赋予监管者独立地位，更注重保护投资者的利益。

集中型证券市场监管模式也存在不足之处，主要体现在以下方面：

一是证券法规的制定者和监管者远离市场，缺乏监管市场一线的实践经验，从而有可能使市场监管脱离实际，缺乏效率。

二是在集中型证券市场监管模式下，若不辅以自律监管，中央监管机关对市场出现的意外行为可能反应较慢，以致处理不及时。

（二）自律型证券市场监管模式

自律型证券市场监管模式通常没有直接制定证券市场管理法规，而是通过一些间接的法规来制约证券市场的活动，证券市场没有设立全国性的证券管理机构，而是靠证券交易所、证券商协会等证券市场的参与者进行自我监管。英国、德国、意大利、荷兰等国家曾经是自律型证券市场监管模式的代表。

自律型证券市场监管模式具有以下优点：

一是自律型证券市场监管模式能够充分发挥市场的创新性和竞争意识，有利于活跃市场。

二是自律型证券市场监管模式允许证券商参与制定证券市场监管规则，从而使制定的监管法规具有更大的灵活性、有效性，使市场监管更切合实际。

三是自律组织能对市场出现的违规行为作出迅速而有效的反应。

自律型证券市场监管模式也存在缺陷，主要体现在以下三个方面：

一是通常把重点放在市场的有效运转和保护证券交易所会员的经济利益上，往往没有为投资者获得利益提供充分的保障。

二是由于没有立法和强制性手段做后盾，因此监管手段较软弱。

三是由于没有统一的监管机构，难以实现全国证券市场的协调发展，容易造成混乱。

由于上述原因，不少原来实行自律型证券市场监管模式的国家，现在都已开始逐渐向集中型证券市场监管模式转变。例如，2001年英国政府改变了证券市场的传统监管方式，加强了政府监管的力度。其他一些实行自律型证券市场监管模式的国家，如德国、意大利、泰国、约旦等也开始转而实行集中型证券市场监管模式。

（三）中间型证券市场监管模式

中间型证券市场监管模式既强调立法管理又强调自律管理，是集中型证券市场监管模式和自律型证券市场监管模式的融合。中间型证券市场监管模式又称分级管理型体制，包括二级监管和三级监管两种模式。二级监管是指中央政府和自律型机构相结合的监管；三级监管是指中央、地方政府和自律型机构相结合的监管。最早实行中间型证券市场监管模式的国家有德国、泰国等。

由于集中型证券市场监管模式和自律型证券市场监管模式都存在一定的缺陷，因此有些以前实行集中型证券市场监管模式或者自律型证券市场监管模式的国家已开始向中间型证券市场监管模式过渡。中间型证券市场监管模式取长补短，能够发挥各自的优势，从而使得证券监管更加有效。

教学互动5-6

通过所学内容，对比以上三种证券市场监管模式的优缺点。

三、世界主要发达国家的证券市场监管模式

1.美国的证券市场监管模式

美国是集中型证券市场监管模式的典型代表。美国对证券交易的管理采取三个机构交叉监管模式。在管理体制上，以证券交易委员会（简称“证交会”）为全国统一管理证券经营活动的最高管理机构。同时，全国性证券交易所（如纽约证券交易所）和全国证券交易商协会分别对证券交易所内的证券交易和场外的证券交易进行管理，形成了以集中统一管理为主、以市场自律为辅的较为完整的证券管理体制。

2.英国的证券市场监管模式

在传统上，英国政府没有设立管理证券期货市场的专门机构，对证券期货交易所及其会员采取的是自由放任的态度。1986年，英国议会通过了《金融服务法》，实行以政府监管和自律组织自律监管相结合的分业监管体制。其中，中央银行–英格兰银

行负责银行业的审慎监管；证券投资局负责证券业的监管；三个证券业自律型组织分别负责证券公司、基金管理公司和投资咨询机构的执业行为监管和审慎监管，住房合作委员会负责住房基金的审慎监管，贸易与投资部负责保险业的审慎监管。

1997年5月，财政部大臣宣布将重整英国金融管理组织：首先，把银行业务监督的职权从中央银行转移到证券投资局；其次，于1997年12月28日将证券投资局更名为金融服务管理局，即成为单一的监管机构，统一负责监管银行、保险及投资事业，与中央银行共同隶属于财政部的一级机构。金融服务管理局负责金融事业管理，而中央银行的主要任务是维持金融稳定。

3.日本的证券市场监管模式

日本在1997年制定了《金融改革法》后，金融监督检查制度发生了重大变革，大藏省对金融业的监督权被大幅度削弱，由1998年7月1日新成立的受金融再生委员会管辖的金融监督厅取代，统筹负责银行、保险、证券机构业务的发照、监督及检查工作。大藏省因不再监督个别金融机构，整合原银行局及证券局另设了金融企划局，负责财务企划的拟定及法案的修正。2000年7月1日，进一步整合金融监督厅及大藏省金融企划局成立了金融厅，负责与金融制度相关政策及法案的制定，以及对证券公司、银行、保险公司的检查及监督，从而确保金融稳定及保护投资大众。2001年1月6日，金融再生委员会被并入金融厅。

4.德国的证券市场监管模式

德国积极整合证券及期货市场，并于1995年借《证券交易法》重新颁布之机，成立了联邦证券监管局。德国证券及期货的监管机关均为联邦证券监管局，德国在1995年5月才完成证券交易法中有关主管单位架构与监督权限的相关法条及相关法令的修正。联邦证券监管局依1994年制定的《证券交易法》第三条的规定成立，主要受联邦财政部管辖。

2002年4月，德国通过一项金融机构合并法，将原本分别负责监督银行的银行监管局、监管保险业务的保险监管局及监管证券期货业务的证券监管局三个主管机关合并为一个新的金融监管机构——联邦金融监督管理局，并于2002年5月1日开始正式运作。联邦金融监督管理局成立后，整个金融体系包括银行、保险、证券都在其监督之下，除了要保护消费者权益及监督企业偿债能力外，还要维持德国经济稳定，并提升其竞争力。

拓展阅读5-2

证监会依法从严查处证券中介机构违法行为

近年来，立足服务实体经济和提高上市公司质量的监管大局，证监会坚持“一案双查”，依法从严、从快、从重查处证券欺诈、造假背后的中介机构不勤勉尽责等违法行为。2019年以来，查处中介机构违法案件80起，涉及24家会计师事务所、8家证券公司、7家资产评估机构、3家律师事务所、1家资信评级机构，涵盖股票发行、年报审计、资产收购、重大资产重组等重点领域。2021年，证监会依法立案调查中介机构违法案件39起，较去年同期增长1倍以上，将2起案件线索移送或通报公安机关。

从这些案件来看，相关违法行为集中表现为：一是风险识别与评估程序存在严重缺陷，未针对重大错报风险设计和实施进一步审计程序。有的会计师事务所在公司货币资金期末余额大、“存贷双高”明显、存在舞弊风险的情况下，仍未识别货币资金重大错报风险。有的会计师事务所未对公司生产成本大幅波动、原材料频繁结转等异常情况保持合理怀疑，未进行有效核查或追加必要的审计程序。二是鉴证、评估等程序执行不充分、不适当，核查验证“走过场”，执业报告“量身定制”。有的会计师事务所未对函证过程保持有效控制，监盘程序执行不到位。有的资产评估机构按照公司预先设定的价值出具评估报告，签字评估师未实际执行评估程序。三是职业判断不合理，形成的专业意见背离执业基本准则。有的证券公司作为财务顾问服务机构，忽视公司项目进展的不确定性，导致收入预测与实际情况存在重大差异。有的律师事务所在审查合同效力时，未履行特别注意义务，未发现公司无权处分资产等情况。四是严重背离职业操守，配合、协助公司实施造假行为。有的从业人员配合公司拦截询证函，伪造审计证据。有的会计师事务所按公司要求提前约定审计意见类型，签署“抽屉协议”。上述违法行为反映出一些中介机构及从业人员独立性、专业性缺失，质量控制体系和管理机制不健全，以及缺乏职业怀疑精神、丧失职业底线等突出问题。

中介机构归位尽责是提高资本市场信息披露质量的重要环节，是防范证券欺诈造假行为、保护投资者合法权益的重要基础，是深化资本市场改革、促进资本市场高质量发展的必然要求。下一步，证监会将坚决贯彻中办、国办印发的《关于依法从严打击证券违法活动的意见》，按照“零容忍”的工作方针，强化日常监管、监督检查和稽查执法的有效联动，坚持“一案双查”，用足用好新《证券法》赋权，依法严肃追究中介机构及从业人员违法责任，切实提高违法成本，有力督促其发挥资本市场“看门人”的作用，有效构建以信息披露为核心的市场运行体系。

资料来源：佚名. 证监会依法从严查处证券中介机构违法行为［EB/OL］.［2022-01-16］. https://finance.sina.com.cn/money/future/roll/2022-01-16/doc-ikyamrmz5578252.shtml.

课堂训练5-2

近日，投资者王某接到冒充某证券公司工作人员的不法分子通过微信加好友后向客户发送该证券公司最新的交易软件，向客户介绍最新的软件支持免费十档行情，申购基金费率享有一折优惠等。投资者王某被免费、优惠的功能所吸引，于是下载该软件进行注册。在进行银行卡绑定时，王某以充值的形式转入资金5 000元，随后该“工作人员”引导进行银证转账，经操作后账户资金余额变为230元，资金不知去向。王某立刻跟“工作人员”联系，此时已被删除微信好友。王某意识到被骗后立马与该证券公司营业部联系。该证券公司营业部工作人员接到王某的求助后第一时间进行查证，该交易软件APP为不法分子假冒证券公司APP，通过使用与证券公司官方软件标识一致的APP进行诈骗。

如果你是该证券公司营业部工作人员：

1. 你会怎样对王某进行教育？

2. 假设你正在社区进行防证券投资诈骗教育，遇到此类情况，你会告诉老年投资者该怎样做？

思政案例5-1

打击内幕交易　保护投资者利益

证监会日前公布了对恒康医疗股票内幕交易案的处罚决定，没收违法所得并处以罚款，罚没款项总额超1.4亿元。本案是近年来证监会罚没金额最高的内幕交易案之一。

根据调查人员介绍，恒康医疗内幕交易案的线索，是在办理一起“伪市值管理”的信息操纵案时发现的。也就是说，该案是“案中案”，案情的复杂也给调查带来了不小难度。

2015年，证监会在专项检查中发现蝶彩资产、谢风华等利用“伪市值管理”信息操纵恒康医疗股价的重大线索并立案调查。在调查期间，办案人员怀疑有人通过二级市场账户帮助拉抬恒康医疗股价，并以此顺藤摸瓜展开调查。

证监会调查人员：在检查中我们发现了蝶彩资产在2013年从恒康医疗实际控制人阙文彬处收取了一笔接近5 000万元的大额咨询费用，发现了蝶彩资产和谢风华有操纵恒康医疗股价的重大嫌疑。我们本着一般的市场操纵行为，多数会有二级市场账户进行交易和配合的情况，最后通过深入细致的调查确定了这三人是知悉内幕信息的，并利用内幕信息交易恒康医疗股票，构成了内幕交易等违法犯罪行为。

而在调查过程中，调查人员也发现了被处罚当事人的许多异常情况。

证监会调查人员：我们调查组在找到王国祥的时候，问了她一个非常简单的问题，为什么要在那个时间买恒康医疗股票？她只回答了我们两个字“看好”，但是在接下来我们的对话和交流的过程中，发现王国祥甚至不知道恒康医疗这家公司是做什么的。她大额地突击转入资金、大量地买入恒康医疗股票就显得十分异常。

本案涉案交易、获利金额巨大，调查组兵分多路调查取证，结合人员身份、交易特征等客观证据和环境证据展开综合分析，最终坐实当事人知悉内幕信息、利用内幕信息进行内幕交易的完整证据链条。

内幕交易市场操纵一直以来都是市场上比较多发的案件类型，也是证监会一直严厉打击、重点打击的对象。对广大的投资者来说，内幕交易操纵破坏了市场的秩序，同时严重地损害了其他市场参与人员的利益，这就是它的危害所在。

在本案中，内幕信息知情人为了规避监管，使用部分没有直接关联关系的证券账户进行内幕交易，具有隐蔽性。办案人员也是通过对数据的使用和分析，对案件证据进行查实。

资料来源：佚名. 证监会起底恒康医疗内幕案：3人非法获利超3 500万元［EB/OL］.［2017-09-29］. http://finance.sina.com.cn/stock/s/2017-09-29/doc-ifymmiwm1279545.shtml.

思政意义及反思：

通过上述案例的学习，使学生们认识到操纵证券市场、内幕交易等违法行为，是监管部门严厉打击的重点，对上市公司、实控人、配资中介、期货市场从业人员等市场主体均起到警示作用。依法从严打击证券违法活动，对建设规范、透明、开放、有活力、有韧性的资本市场，以及服务经济高质量发展具有重要意义。同时，对证券市场参与者来说，要树立正确的投资理念和法治意识，在法律法规允许的范围内，开展正当的投资活动。如果想通过操纵市场等行为来获取不义之财，最终受害的是自己。

实践训练

一、实训题目

证券投资监督管理典型案例分析。

二、实训步骤

登录中国证监会官网，阅读以下专栏内容：

1.政策法规栏目。

2.监管对象栏目，查找证券公司名录，核对与自己有关的公司是否在名单之中。

3.非法证券期货风险预警。

三、实训要求

1.查找案例，选择三个典型事件进行分析。

2.案例的选取要体现不同类型的风险。

3.案例分析要结合本节内容的知识点。

项目小结

1.不管进行怎样的投资组合，都要对投资者的财产状况进行充分的分析，根据投资目标进行规划。

2.投资策略并不是一成不变的，投资者要根据投资风险和投资目标的动态变化进行不断调整。

3.一个良好的证券市场不仅需要完善的监管体系，还要为所有的参与者树立遵纪守法的正确投资观。

项目训练

一、单选题

1.投资组合理论由美国经济学家（　　）于1952年首次提出。

A.詹森　　B.特雷诺　　C.夏普　　D.马科维茨

2.关于最优证券组合，以下说法正确的是（　　）。

A.最优组合是风险最小的组合

B.最优组合是收益最大的组合

C.相对于其他有效组合，最优组合所在的无差异由线的位置最高

D.最优组合是无差异曲线与有效边界的交点所表示的组合

3.关于证券组合的叙述，下列说法错误的是（　　）。

A.在对证券投资组合业绩进行评估时，只考虑组合收益的高低

B.投资目标的确定应包括风险和收益两项内容

C.证券组合的风险会随着组合所包含证券数量的增加而降低

D.投资收益是对承担风险的补偿

4.消极型投资者往往（　　）。

A.对金融衍生品有兴趣　　B.倾向于投资多样化

C.偏爱购买成长性的股票　　D.敢于承担较大的风险

5.在证券市场上，积极型投资者一般会（　　）。

A.卖出价值被高估的证券或买进价值被低估的证券

B.频繁进行买入和卖出操作，以获取差价收入

C.以运气、机遇为基础，凭侥幸心理买卖证券

D.不愿承担较大的风险

6.证券市场监管的主要手段是（　　）。

A.经济手段　　B.法律手段　　C.行政手段　　D.自律手段

7.以下属于中国证券监督管理委员会监督管理的内容是（　　）。

A.证券期货市场　　B.商品市场

C.保险市场　　D.银行同业交易市场

8.为证券交易提供集中登记、存管与结算服务，不以营利为目的的法人是（　　）。

A.证券交易所　　B.中国证券业协会

C.中国证监会　　D.证券登记结算公司

9.负责组织协调反倾销、反补贴的有关事宜和组织产业损害调查的部门是（　　）。

A.中国证监会　　B.中国人民银行

C.商务部　　D.国家发展和改革委员会

10.违反信息披露规定致使投资者在证券交易中遭受损失的，（　　）应当承担赔偿责任。

A.证监会　　B.发行人　　C.董事长　　D.总经理

二、多选题

1.以下属于行为金融学投资策略的有（　　）。

A.利用小公司效应　B.反向投资策略　C.动量交易策略　D.时间分散化策略

2.下列选项属于积极的股票投资策略的有（　　）。

A.预测股票未来的收益　　B.预测股票未来的股利

C.买入指数成分股组合并持有　　D.分析技术指标

3.关于消极投资策略的正确表述有（　　）。

A.简单型消极投资策略在投资组合确定后，不再进行频繁的股票买入和卖出

活动

B.简单型消极投资策略在投资组合确定后，仍将进行频繁的股票买入和卖出活动

C.组合型消极投资策略在投资组合确定后，不再进行股票买入和卖出活动

D.组合型消极投资策略在投资组合确定后，仍可能进行股票买入和卖出活动

4.证券投资分析的信息来源包括（　　）。

A.国家的法律法规、政府部门发布的政策信息

B.上市公司的年度报告和中期报告

C.投资者通过实地调研、专家访谈、市场调查等渠道获得的信息

D.通过家庭成员、朋友、邻居等获得信息，甚至包括内幕信息

5.证券市场监管的目标在于（　　）。

A.保护投资者利益　　B.保障合法的证券交易活动

C.监督证券中介机构依法经营　　D.维持证券市场的正常秩序

6.我国证券市场的发展必须坚持（　　）。

A.法制　　B.监管　　C.自律　　D.规范

7.证券交易所对证券市场的监管包括（　　）。

A.对证券交易活动的监管　　B.对会员的监管

C.对上市公司的监管　　D.对在交易所内进行交易的投资者的监管

8.证券市场监管的目标包括（　　）。

A.保护投资者　　B.保证证券市场的公平

C.降低非系统性风险　　D.保证证券市场的效率

9.下列法律、法规属于我国证券市场监管体系的有（　　）。

A.《中华人民共和国证券法》　　B.《公司债券发行与交易管理办法》

C.《中华人民共和国证券投资基金法》　　D.《上市公司信息披露管理办法》

10.以下属于证监会职责范围的有（　　）。

A.拟定财政政策　　B.制定证券发行上市文件

C.制定信息披露文件　　D.制定会计法规

三、判断题

1.内幕交易的行为方式主要表现为：行为主体知悉公司内幕信息，且从事有价证券的交易或其他有偿转让行为，或者泄露内部信息或建议他人买卖证券等行为。（　　）

2.《中华人民共和国公司法》只适用于在中国境内设立的有限责任公司和股份公司。因此，在纽约等地上市的中国公司不适用《中华人民共和国公司法》。（　　）

3.最优证券组合是风险最小的组合。（　　）

4.投资组合的风险会随着组合中证券数量的增加而降低。（　　）

5.在证券市场上，保守型投资者往往频繁地进行买入和卖出操作，以获取股票差价收入。（　　）

6.量化分析法对使用者的定量分析技术有较高的要求，不易被普通公众所接受。（　　）

7.中国证券业协会是证券业的自律性组织，是企业法人。（　　）

8. 中国证券监督管理委员会是国家最高的行政机关。 (　　)

9. 根据我国有关法律、法规的规定：从事发布证券研究报告业务的相关人员，不得同时从事证券自营、证券资产管理等存在利益冲突的业务。 (　　)

10. 中国证监会针对个案作出的处罚决定，往往会对证券市场产生直接或间接的引导作用。 (　　)

四、综合实训

通过本项目的学习，对自己家庭的资产进行评估，根据投资目标，制订家庭投资组合方案，形成一份投资报告。

实训要求：

1. 要制定投资目标。

2. 列出详细的组合方案，要体现组合投资。

3. 阐述投资方案的理由。

4. 以小组为单位，每一小组选出最优的投资方案进行展示。

主要参考文献

[1] 中国证券业协会．金融市场基础知识［M］．北京：中国财政经济出版社，2020．

[2] 中国证券业协会．证券市场基本法律法规［M］．北京：中国财政经济出版社，2020．

[3] 吴晓求．证券投资学［M］．5版．北京：中国人民大学出版社，2020．

[4] 孟敬，叶华．证券投资实务［M］．2版．北京：人民邮电出版社，2021．

[5] 邢天才．证券投资理论与实务［M］．3版．北京：中国人民大学出版社，2019．

[6] 博迪，凯恩，马科斯．投资学精要［M］．11版．北京：中国人民大学出版社，2021．

[7] 格雷厄姆，多德．证券分析［M］．6版．巴曙松，陈剑，译．成都：四川人民出版社，2019．

[8] 马尔基尔．漫步华尔街［M］．12版．张伟，译．北京：机械工业出版社，2022．

[9] 中国证券监督管理委员会官网 http://www.csrc.gov.cn.

[10] 中国债券信息网 http://www.chinabond.com.cn.

[11] 中国统计网 http://www.tjcn.org.

[12] 新浪财经_新浪网 http://www.sina.com.cn.

[13] 财联社 https://www.cls.cn/.